图书在版编目（CIP）数据

寻觅张爱玲 / 吴邦谋编著. -- 深圳 : 深圳出版社,
2023.1
大湾区专项出版计划
ISBN 978-7-5507-3389-3

Ⅰ.①寻… Ⅱ.①吴… Ⅲ.①张爱玲－1920-1995－
人物研究 Ⅳ.①K825.6

中国版本图书馆CIP数据核字(2022)第215925号

版权登记号　　图字：19-2022-086 号
寻觅张爱玲
© 2020 商务印书馆（香港）有限公司
本书简体中文版由商务印书馆（香港）有限公司授权出版，
本版仅限在中国内地发行

寻觅张爱玲
XUNMI ZHANG AILING

出 品 人　聂雄前
责任编辑　邱秋卡
责任校对　万妮霞
责任技编　梁立新
插　　画　李志清
封面设计　黄鑫浩

出版发行　深圳出版社
地　　址　深圳市彩田南路海天综合大厦（518033）
网　　址　www.htph.com.cn
订购电话　0755-83460239（邮购、团购）
设计制作　深圳市龙瀚文化传播有限公司 0755-33133493
印　　刷　中华商务联合印刷（广东）有限公司
开　　本　787mm×1092mm　1/16
印　　张　18
字　　数　197千
版　　次　2023年1月第1版
印　　次　2023年1月第1次
定　　价　68.00元

寻觅张爱玲

吴邦谋 编著

深圳出版社

序一

张爱玲是二十世纪中国文学史上的杰出作家。进入二十一世纪后,"张学"研究已比上一世纪更为深广地展开,张爱玲文献学也已取得长足进展。那么,吴邦谋兄的这部新作为何还要取名《寻觅张爱玲》呢?他还在"寻觅"什么呢?

在我看来,《寻觅张爱玲》其实是一部别致的张爱玲简传,由简练明快的文字与丰富生动的图像数据组成的一部图文并茂的传记。在这部篇幅不长的书中,邦谋并未依照时间顺序,也未平铺直叙,而是把他多年来辛苦搜集的各种关于张爱玲的鲜见的书刊资料,按照他对张爱玲其人其文的理解,加以精心编排和解读。或可这样说,邦谋所孜孜"寻觅"和处理的,正是"张学"研究上至今尚未有人关注、未能解决或仍然存在争议的一些有趣乃至重要的问题。

从这个角度阅读邦谋兄的这部新作,不难发现书中亮点甚多,不妨略举几例。最夺人眼球的,莫过于他对张爱玲的中学母校——上海圣玛利亚女校 1932 年年刊《凤藻》的评述。1990 年初,台湾春晖影业公司来沪拍摄文献纪录片《张爱玲》。我陪同导演雷骧先生到上海市档案馆拍摄有关资料时,在这本《凤藻》的中文部分发现了张爱玲真正的短篇小说处女作《不幸的她》,并在 1995 年 9 月初即张爱玲逝世后公之于世。但当时由于仓促，未及翻阅该刊的英文部分，以至张爱玲于初中一年级用英文所写的短篇小说 *The School Rats Have a Party* 成了漏网之鱼。将近三十年之后，邦谋兄有幸觅得这本《凤藻》，终于发掘了这篇目前所知张爱玲最早刊登的英文作品，弥补了我当年的疏漏，不能不令我十分高兴。邦谋兄的发现把张爱玲的英文写作时间提前了整整五年，张爱玲的创作史也因此要重写了。

又如书中对张爱玲与香港关系的细致梳理。张爱玲先后在香港生活过三个时期，即 1939—1942 年、1952—1955 年，以及 1961—1962 年的短暂旅居。香港在其生活史和创作史上都占着不容忽视的位置，就重要性而言，可能仅次于她的出生地上海。《寻觅张爱玲》中以相当篇幅讨论了张爱玲的香港生活，显然具有深意。邦谋写了《张爱玲在港大》等文，较为全面地论述了张爱玲在香港大学的学习、师承、交游和香港生活对其创作的影响，同时配以大量珍贵照片，甚至还有二十世纪四十年代初的香港银行存款单、电费单、人力车商组合收条等，力求尽可能地回到"历史现场"。

除此之外，邦谋兄还在综合和充分吸收已有的张爱玲研究成果的基础上，对张爱玲应出生于 1920 年 9 月 30 日（农历八月十九）这个事实从中西历换算角度进行确认，用剧照、广告、说明书、试映入场券等再现张爱玲参与创作的电影《不了情》《太太万岁》的上映盛况，等等。即便对学界有不同看法的事情，如"霜庐"是否是张爱玲的笔名，邦谋兄也根据他所掌握的史料作了介绍，以供读者进一步思考。

总之，邦谋兄以数年心血"寻觅张爱玲"，大有收获，这本《寻觅张爱玲》就是他不断四处苦心"寻觅"的可喜成果。值此张爱玲一百周年诞辰来临之际，《寻觅张爱玲》一书的问世更是对张爱玲别具意义的纪念。我相信，本书不仅对一般读者走近张爱玲有所帮助，对学者更深入地研究张爱玲也有所启发。

两年前在香港新亚书店，我由苏赓哲兄介绍结识邦谋兄，当时只知他是香港机场史料的收藏家。而今他又以《寻觅张爱玲》一书引人注目，故我乐于为之作序，并祝他在"寻觅张爱玲"的长途上继续前行。

陈子善

华东师范大学中文系教授

2020 年 5 月 26 日于海上梅川书舍

序二

细读吴邦谋先生的新书,其中的一篇文章《张爱玲与港大》给我留下了非常深刻的印象。吴先生借助文字及各种收藏品的图片,介绍张爱玲与香港大学的传奇故事,他文笔细腻,行文流畅,再配以他收藏多年的稀有藏品,加深了我对港大历史及张爱玲生平的认识。吴先生是一名电力工程师,但他竟可以写下这本与文学研究相关的书,而且可读性甚高,我非常佩服!

《张爱玲与港大》提及香港大学的成立及三个最早期的学院 —— 工程、医学及文学学院的诞生经过,更提到何启爵士,令我更加了解了何启与港大成立的背后故事。提起何启,自然会想起他和区德先生于九龙城捐资兴建启德机场的故事,其实这只是一个美丽的误会,但他的名字至今仍能勾起港人对昔日启德机场的回忆。

按学校要求,只有十八岁的张爱玲在港大登记入学时需有一名本地监护人。初时以为此监护人不是文化学者便应是教育学家,后来发现竟是一名注册工程师。这位名叫李开第的工程师日后更与张爱玲的姑姑张茂渊破除了礼俗成见,两人在七八十岁的高龄共结连理,令人感动!

本人诚挚将吴邦谋的新作《寻觅张爱玲》推荐给所有读者及朋友，谨此祝愿他的新作出版成功，一纸风行！

关景辉

香港大学工程旧生会前会长

香港机场管理局前工程及科技执行总监

2020 年 1 月 18 日

序三

"衣服是一种言语，随身带着的一种袖珍戏剧"，"他们只能够创造他们贴身的环境 —— 那就是衣服。我们各人住在各人的衣服里"。在七八十年前的中国社会能出现这么前卫的文笔，这就是我们熟悉的张爱玲。

我于二十世纪八十年代看过周润发、缪骞人主演的电影《倾城之恋》，也看过张爱玲的原作，记得白流苏、范柳原等名字。虽然现在已对内容没有很深刻的印象，但由于故事主要发生在香港，很多地方如浅水湾酒店、香港大学、巴丙顿道等，都让我特别有亲切感。在七八十年代，除了看金庸、古龙的武侠小说外，读张爱玲的小说也成了很多朋友的乐趣。

收到詹士兄向我提出写序的邀请，实在有点摸不着头脑。一直以为他只醉心航空与飞行发展历史及相关收藏，这些跟文学可谓相去甚远，他怎么会写一本关于张爱玲的书呢？后从他口中了解到，他同时钟情于收藏一些关于香港文学发展的历史资料，特别是有关张爱玲与香港大学的渊源的资料。从他提供的资料中我才得悉张爱玲在香港大学文学院学习与成长的点滴，这些经历为她创作《倾城之恋》《红玫瑰与白玫瑰》《金锁记》等作品奠定了基础。张爱玲的出身、著作及其所处的动荡时代，也助她成了文学界的传奇。

　　詹士兄将自己的收藏兴趣不断发展，并将藏品资料公之于世，使
读者得以从另一个角度了解这位传奇人物 —— 张爱玲。我诚挚推荐各
位细品书中内容，可能对香港的历史与文学又多一层认识。

汤远敬

香港机场管理局工程及科技总经理

2020 年 2 月 20 日

序四

　　此序执笔于 2020 年 2 月上旬，正值全国疫症肆虐。坐困之际，不免思潮起伏，百感交集，感叹世之无常，人之无力。

　　感谢邦谋邀写小序一则，也来聊写几行文字，只是班门弄斧，抒一下情怀。

　　张爱玲 1943 年写了一篇《封锁》，胡兰成读后倾心不已，更主动登门拜访。他们一见如故，张爱玲对胡兰成的表白令人动容："见了他，她变得很低很低，低到尘埃里，但她心里是欢喜的，从尘埃里开出花来。"

　　想不到，高傲如张爱玲，会如此倾倒在胡兰成的长衫之下。一笑！

　　《封锁》成就了他们的婚姻，一段只维持了两三年的婚姻。短暂吗？如果是激情互爱的，也就值了，也就不枉此生了！

　　《封锁》里面一男一女两位主角，那一刹那、似有还无的露水情缘，尽现捉迷藏式的两性关系。当中种种元素，或多或少，恰恰就像张爱玲跟胡兰成的翻版。这或许是命运的巧合。

祝邦谋新作一纸风行通天下！

康妮·虞

2020 年 2 月上旬

序五

　　对于在上海成名的张爱玲而言，香港是一座羁绊很深的"她城"。她一生曾三次在港居留，香港大学是她最初创作的起步点，既是造就她"天才梦"的一个启蒙之地，又是她创作小说及散文的圣地，港大与她的一生不可分割。香港的浅水湾、太平山、北角，承载了张爱玲点点滴滴的生活回忆，悠悠浮现于她的小说与散文中。笔下是她当时的所见所闻，是那时香港社会的面貌、人与物的风情。神游其文字间，不免又兴起对香港当年景貌的神往。

　　看到张爱玲在作品中记载一生的人与事、苦与乐，一生奉献给文学界的精神与生命力，实在令人动容。她创作的每一部极具影响力的作品，都留给读者众多难忘的回忆。如此让世人称道的女作家，身处水深火热的境况，仍能坚毅不屈地走着她那创作之路，最终登上了中国文学史的一座高峰，让世人敬佩万分。

感谢吴邦谋先生邀请本人撰写序言，在此冀盼亲爱的读者多多支持吴先生的新作《寻觅张爱玲》。谨此祝愿新作出版成功，一帆风顺，一纸风行！

吴凯程

张爱玲的读者

2020 年 2 月 2 日

自序

我不忍看了你的快乐，更形我的凄清！

别了！人生聚散，本是常事，无论怎样，我俩总有蕴着泪珠撒手的一日！

张爱玲，《不幸的她》，1932 年

张爱玲三岁背诵唐诗，七岁撰写小说，八岁绘画作图，十一岁发表小说，上述佳句便出自她写于1932年的处女作《不幸的她》。这篇字数为1270字的短篇小说，是她在十一岁就读于上海圣玛利亚女校初中一年级时创作的。她投稿到学校的毕业年刊《凤藻》上，初试啼声，一鸣惊人！一篇《不幸的她》道尽了世态炎凉、人情冷暖，尽显她少年孤冷的性格及超卓的写作才华。

张爱玲的文学作品篇篇锦绣，字字珠玑，言简意深，凝练有力。笔者细品《不幸的她》的字里行间，偶然发现数本刊有该篇小说的书中内文的句子竟有差异，例如末尾第四段的一句"我俩总有蕴着泪珠撒手的一日！"：大多数书刊写成"我们总有藏着泪珠撒手的一日！"，也有写成"我俩总藏着泪珠撒手的一天。"。孰真孰假，竟没有一个确切答案。

为寻求张爱玲《不幸的她》的原文，笔者多年来遍访中国及海外各地的旧书店、古物铺、旧书网、拍卖店及拍卖网，结果都空手而回。最后，皇天不负有心人，在筹备及撰写这本《寻觅张爱玲》期间，"祖师奶奶"张爱玲像显灵般在半年前让我遇上《不幸的她》。一位在网上专卖二手书的中年店员拍摄了数张《凤藻》的书影给我，并说那是一本装帧美观、以英文为主的毕业年刊，内容包括学校概览、学生留言、合照图片和文章分享等，可惜中文部分缺了数页。

笔者随即询问该店员那本《凤藻》是在什么年份出版的，他即时回应是1932年6月。这年份正是张爱玲入读圣玛利亚女校初中一年级的时候。再向店员查询，并要求他拍几张中文目录及有关文章的照片给我，一天后收到他传来的图像，笔者顿时目瞪口呆：张爱玲那篇处女作《不幸的她》完完整整就在其中。最后洽购成功，这本《凤藻》年刊成为我的珍贵收藏品之一。在"有刊有真相"之下，《不幸的她》中那一句"我俩总有蕴着泪珠撒手的一日！"才得以证实是张爱玲的原创字句。

2020年是张爱玲的百岁诞辰，为纪念这重大日子，笔者将二百多件有关张爱玲的藏品，以图文并茂的形式介绍给读者，其中部分稀有藏品更是首次曝光，包括1932年刊有张爱玲处女作《不幸的她》的《凤藻》孤本和 *The School Rats Have a Party*（《校鼠派对》）、1944年张爱玲首本小说集《传奇》、1939年获名誉奖的《天才梦》单行本、1947年电影《不了情》的稀有试映戏票及1952年至1955年张爱玲翻译《老人与海》的初版及三版旧作等。

另幸获香港著名画家李志清先生的鼎力支持，他亲画数张有关张爱玲的作品，作为本书的封面及插画，令本书更添绝伦精彩，特此向清哥衷心致谢。

特别鸣谢陈子善教授赐序，令此书生色不少，更令本人获益良多，借此机会向陈教授致表达万分感谢。香港大学工程旧生会前会长及香港机场管理局前工程及科技执行总监关景辉先生，以及香港机场管理局工程及科技总经理汤远敬先生慷慨赐序，在此向他们致以衷心感谢。还有内子淑贞及小女凯程的序言及支持，亦是给我的最好鼓励。

《寻觅张爱玲》能够顺利出版，有赖商务印书馆（香港）有限公司董事总经理叶佩珠小姐、总编辑毛永波先生和编辑蔡柷音小姐的协助及帮忙，谨此致谢。承蒙各位学者、前辈、读者及朋友的厚爱及支持，书中若有任何谬误或遗漏之处，尚祈各位不吝指正。

吴邦谋

2020 年 2 月 22 日

前记　摩擦力与小说

　　记起读初中时，老师首次在物理课上介绍"摩擦力"（friction）现象。初次听到这个新名词时一知半解，只能从其定义去分析，并多做练习题以增进了解。摩擦力指的是一个物体在另一个物体表面滑动或将要滑动时，这两个物体在接触面上产生的阻止相对运动的作用力。笔者在这似易实难的力学基础理论下，利用物理数据来计算出摩擦力对物体相对的移动速度、能量及热能释放等的影响。经过多番努力，这经典力学一科的重要考试得以顺利通过。

　　当时会到图书馆和书店找寻有关摩擦力的书作参考。在书柜分类架上，常看到一个与摩擦力的英文写法及读音相似的单词，它便是"小说"（fiction），当下引起我莫大的兴趣，很想知道小说是什么。为什么虚构的故事竟能吸引众多读者阅读及谈论？这些都与事事以科学为实的技术类图书大相径庭。为寻求答案，笔者除修读电力工程及技术科目外，课余更尝试阅读文学书籍，步上"左文右武"的道路。

　　香港文学巨匠刘以鬯曾认为"fiction"有两个基本释义，一个是虚构，另一个是小说。小说通过艺术形式来反映现实生活，作者在创作小说之前有必要体察及认识生活，将收集的素材加以选择与提炼，展开想象去塑造艺术形象，使虚构的人物与事件比真实生活更真实。

张爱玲便是一个好例子，她的作品仿佛就是她的经历、她的传奇、她的故事。她说过，不认识的、不清楚的、不明白的题材，她不会写。

张爱玲知道读者是小说的接受主体，也是小说的欣赏主体。所以她的长篇、中篇及短篇小说，都会吸引不同年纪、不同性别、不同兴趣的读者。读者读她的小说时，各有各的观点，各有各的喜恶。有人喜欢《倾城之恋》，有人欣赏《十八春》，有人偏爱《色，戒》，有人喜爱《沉香屑——第一炉香》，有人迷恋《封锁》，有人酷爱《金锁记》，有人钟情《红玫瑰与白玫瑰》……

由此可见，读者读张爱玲的小说时各有各的喜恶，差异很大，很难达成共识。但张爱玲的作品至今仍能吸引海内外数以千万计的读者，"张迷""张学"及"张腔"等纷纷出现在世界各地，"张爱玲现象"更是文学上无法回避的研究主题。

笔者虽为"六〇后"，无缘一遇张爱玲，但十分喜爱张爱玲的作品，研究之余，也以收藏有关她的著作及文献为乐。张爱玲生于1920年，卒于1995年，2020年刚好是张爱玲的百岁诞辰，亦是她逝世二十五周年，笔者希望借着这三十篇拙文及二百余件藏品，同读者分享张爱玲的百年传奇，以纪念文坛上这朵永远不凋之花。

目录

李志清作品

张爱玲儿时的样子。

图上的句子引自《对照记》（1994 年版）中张爱玲对自己相片的描述。

爱玲，俗不可耐的名字

张爱玲文笔出彩，作品流传久远，跨时代的经典名句，照亮我们看不到的内心深处，点出我们说不出的万种风情。她创作的小说、剧本及画作等，令每个喜欢她的读者都如痴如醉，直触他们心窝最深最底之处。在坊间曾有人统计张迷的数量，全球已有三千多万读者，堪称文学奇迹！张迷、读者和张学研究者每天都在增加，他们对张爱玲的作品爱不释手，不断追溯她的传奇故事。

不凋之花

张爱玲出身名门，家世显赫。祖父是清末名将张佩纶，祖母是晚清重臣李鸿章之长女李菊耦，李鸿章就是张爱玲的曾外祖父。1920 年9 月，张爱玲在上海一座仿西式的大宅出生，该座大宅是李鸿章送给长女的嫁妆。表面看来，张爱玲生长在一个既富裕又幸福的大家庭里，但事实上她的童年并不愉快，且留下了许多苦涩的回忆。

张爱玲的父亲张志沂，又名张廷重，是张家大少爷；母亲黄素琼，后改名黄逸梵，是名门望族的大小姐，其祖父黄翼升是清末长江七省水师提督。1915 年，被外间称为金童玉女的张志沂和黄素琼签下婚书，走入人生的新阶段。1920 年 9 月，那栋上海旧式洋房里，一个女婴呱呱落地。在洪亮的啼哭声中，这个根连三大显赫家庭的女婴，仿佛在向世人宣告她的独特身份，以及即将见证的新时代。

张爱玲生于显赫的世家，但活在动乱的时代，眼看家族没落沧桑，身历人情无常冷暖。她将种种沉浮经历转化成令人惊艳与嗟叹的文字，创造了百年传奇，成为文坛一朵永远不凋之花。

名字的来源

创作了多部脍炙人口的武侠小说作家查良镛，笔名"金庸"，源自将"镛"字一分为二，他的另一个笔名"姚馥兰"则从英文字句"Your friend"音译过来。那么张爱玲这个易记易读的名字，是真名还是笔名？是否亦从英文音译而来？

张爱玲原名张煐，是父亲张廷重取的名。"煐"的读音是英，部首是火，多用作人名，没有什么特别意义。但张爱玲的母亲黄逸梵却不太喜欢，觉得名字不太响亮，一点都不像女孩的称呼。黄逸梵曾留洋学画，是一个新派及有新思想的女性，与有着传统性格及观念的丈夫可谓南辕北辙。

张爱玲是一个天才儿童，现今可称为尖子生，四岁跟私塾先生学习，七岁开始创作第一部小说。十岁的时候，母亲主张送她进学校求学，但父亲不大接受，最后母亲像拐卖人口般硬把她送到学校去。在填写入学证的时候，黄逸梵不喜欢"张煐"这个名字，想改一

作者

张爱玲本名张煐，母亲黄逸梵在女儿入学登记时将她的
名字改为爱玲，是 Eileen 的音译。1931 年，张爱玲入
读上海圣玛利亚女校，在校登记的英文名是 Tsang Ai-
Ling。图为刊登在 1944 年《传奇》再版上的作者玉照，
当时她不足二十四岁，正处花样年华，已写了不少吸引
万千读者的作品。

个新名字，但她一时踌躇不知道填什么名字。她支着头想了一会儿，"Eileen"这个英文名字突然浮现在她的脑海中，便索性将其音译成"爱玲"，若日后想到更好的名字再改。张爱玲这个名字，就在她母亲情急下定下来了。

恶俗不堪是为警告

名字不仅是一个人的称呼，甚至是终身符号，仿佛还代表着一生的命运，影响事业、婚姻、健康和人际关系。俗话说，"不怕生坏命，最怕改坏名"，一个好名字，不仅要有深刻的寓意，还要体现一个人的社会层次，是人生的一面旗帜。大部分人的名字由父母或长辈决定，即使不好听、不喜欢，也伴随着自己的成长。对母亲替她改的名字，张爱玲便曾以"恶俗不堪"这四个字来形容！若她那么不喜欢，为什么不改名，甚至她的所有著作都以这名字出版？

张爱玲在二十三岁时，撰写了一篇散文《必也正名乎》，刊登在1944年1月出版的上海文学月刊《杂志》第12卷第4期，后收录于张爱玲的成名作《流言》中。内文写道：

我自己有一个恶俗不堪的名字，明知其俗而不打算换一个，可是我对于人名实在是非常感到兴趣的……世上有用的人往往是俗人。我愿意保留我的俗不可耐的名字，向我自己作为一种警告……[1]

———————————

[1] 为保留张爱玲文字的原初面貌，本书仅对引文中的明显错字酌予订正，对特殊的用字习惯、方言用法等均未作改动。——编者注

文章标题为《必也正名乎》，出自《论语·子路》第十三章。"正名"一词，指为一件事物采用正当合理的名称。但她这篇文却似在推翻《论语》所言——"名不正，则言不顺；言不顺，则事不成；事不成，则礼乐不兴；礼乐不兴，则刑罚不中；刑罚不中，则民无所措手足。"

张爱玲文中指需"设法除去一般知书识字的人咬文嚼字的积习，从柴米油盐、肥皂、水与太阳之中去找寻实际的人生"，"要做俗人，先从一个俗气的名字着手"，这个俗气的名字便是"张爱玲"。她最终没有更改自己的名字，可能也想留下母亲为她取名字时那一段难忘的儿时回忆。至今，论及她名字的知名度，无论是"张煐"，还是"Eileen Chang"，都远远不及"张爱玲"。

1995年9月，张爱玲于美国洛杉矶公寓逝世，享年七十五岁。友人依照她的遗愿，在她生日那天将骨灰撒在太平洋，结束了她传奇的一生。图为1995年10月出版的《明报》月刊，以张爱玲最为人所熟悉的半身照加上大字标题《张爱玲不灭的传奇》作封面，内载有各地华人作家论述张爱玲的生平及其著作的文章。

1995年10月，《联合文学》第132期刊登了《最后的传奇张爱玲》特辑。

1995年11月，在《香港笔荟》第5期《永远的张爱玲》特辑中，海峡两岸的作家撰文怀念张爱玲。

《传奇》中的传奇

呵，出名要趁早呀！来得太晚的话，快乐也不那么痛快。

1944 年 8 月 15 日，上海杂志社出版张爱玲的首部著作集 ——《传奇》初版，收录中短篇小说共十篇，包括：《金锁记》《倾城之恋》《茉莉香片》《沉香屑 —— 第一炉香》《沉香屑 —— 第二炉香》《琉璃瓦》《心经》《年青的时候》《花凋》及《封锁》。小说集封面由张爱玲亲自设计，近方形开本，封面、封底和书脊都用上她最爱的孔雀蓝色。《传奇》一经问世，迅即洛阳纸贵，短短四天内就被抢购一空，创下当时上海现代文学出版史上的新纪录。

孔雀蓝

张爱玲最爱的颜色不是红，亦不是黄，而是孔雀蓝。

孔雀蓝，英文称作 peacock blue，像孔雀顶部羽毛的颜色，蓝中泛紫，成色悦人。在西方中古时代，蓝色是皇室的象征，象征高贵及

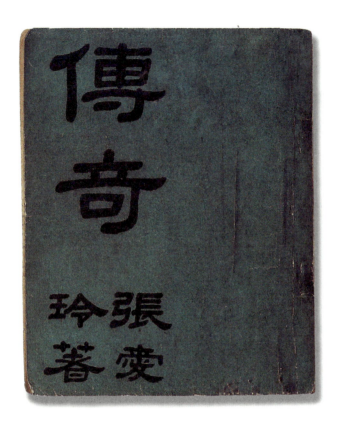

1944年8月15日,张爱玲首本小说集《传奇》发行,封面颜色是孔雀蓝,由张爱玲设计。《传奇》初版本创下四天销售一空的纪录,万千读者争相购买。

优雅；在中国古代则受到佛教思想影响，代表智慧及明净。

张爱玲非常看重自己的这本著作，封面的左半部分除印有"传奇 张爱玲著"六个黑色隶书大字外，封面其他位置、封底和书脊都是清一色的孔雀蓝，非常瞩目！

张爱玲为什么选孔雀蓝作为封面颜色呢？这个问题一直令张学研究者及张迷感到困惑。直至五十年后的 1994 年，张爱玲在生前出版的最后著作《对照记——看老照相簿》中谈到母亲对自己的影响，这个谜底才正式揭晓。

我第一本书出版，自己设计的封面就是整个一色的孔雀蓝，没有图案，只印上黑色，不留半点空白，浓稠得使人窒息。以后才听见我姑姑说我母亲从前也喜欢这颜色，衣服全是或深或浅的蓝绿色。我记得墙上一直挂着的她的一幅油画习作静物，也是以湖绿色为主。遗传就是这样神秘飘忽——我就是这些不相干的地方像她，她的长处一点都没有，气死人。

《传奇》存世量稀有，一直以来深受海峡两岸的收藏家及张迷垂青。此书曾出现数个不同版本，包括初版、再版和增订本，亦有伪版、盗版或偷印本出现。当时坊间的《传奇》有真有伪，部分鱼目混珠，以较低的价格出售。普通人从书的封面上不易分辨，非正版《传奇》的销量每每比正版高，令正版发行商非常不满。1944 年 9 月 25 日，《传奇》再版本由上海杂志社发行，而"出名要趁早呀！"这句脍炙人口的张爱玲名句，就是出自小说集《传奇》再版中的一文《再版的话》。

《传奇》初版本一经发表便轰动上海文坛，一个多月后（即
1944 年 9 月 25 日），杂志社发行《传奇》再版本，封面由张
爱玲的好友炎樱设计，在古绸缎上盘了深色云头，以红字黑背
景衬托。

图为《传奇》1944年9月25日的再版本，疑为偷印本或盗版本，封面上的绸缎及云头设计均抄袭原版，颜色也从原来的红色转为白色，底色则从黑色换成绿色。

1945年2月15日，一本号称由杂志社出版的《传奇》第六版，其实是伪冒版。同样以炎樱的设计作封面，黑色背景换成了鲜艳红色，感觉比正版还吸引人，但印刷质量差很多。

《传奇》增订本

　　1946年11月，《传奇》增订本由山河图书公司出版，该出版公司由龚之方与唐大郎创办。增订本由上海著名书法家邓散木（初名铁，号粪翁）题签。封面是张爱玲请炎樱设计的："借用了晚清的一张时装仕女图，画着个女人幽幽地在那里弄骨牌，旁边坐着奶妈，抱着孩子，仿佛是晚饭后家常的一幕。可是栏杆外，很突兀地，有个比例不对的人形，像鬼魂出现似的，那是现代人，非常好奇地孜孜往里窥视。如果这画面有使人感到不安的地方，那也正是张爱玲希望造成的气氛。"

1946年11月，《传奇》增订本出版。

增订本删去再版序《再版的话》，写了新的序言《有几句话同读者说》，当中说道："《传奇》里新收进的五篇，《留情》《鸿鸾禧》《红玫瑰与白玫瑰》《等》《桂花蒸 阿小悲秋》，初发表的时候有许多草率的地方，实在对读者感到抱歉，这次付印之前大部分经过增删。还有两篇改也无从改起的，只好不要了。"《传奇》增订本里，还有一篇作为跋的散文《中国的日夜》。但她在序言所说的"还有两篇改也无从改起的"，究竟指的是哪两篇文章呢？

《传奇》增订本版权页。上方可见张爱玲的红色钤印。

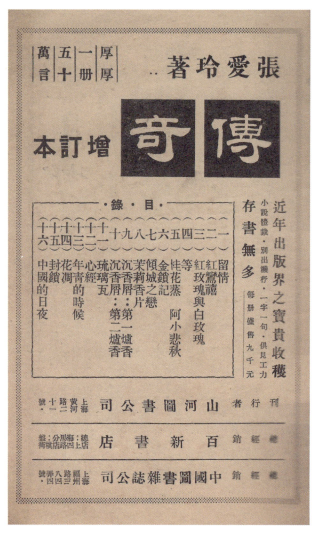

上海《大家》杂志上《传奇》增订本的广告，印有目录，将十六篇小说或散文一一列出。

消失的两篇文章

对照一下初版与增订本的篇目，发现没有去掉初版中的任何一篇。可见，张爱玲所说的那两篇文章不是指《传奇》初版里原有的文章，可能指出版之前所写的。估计其中一篇是 1944 年 1 月起在《万象》杂志上连载了六期，后来中断的小说《连环套》。

同年 12 月，张爱玲在散文集《流言》中《自己的文章》里写道："至于《连环套》里有许多地方袭用旧小说的词句 —— 五十年前的广东人与外国人，语气像《金瓶梅》中的人物；赛珍珠小说中的中国人，说话带有英国旧文学气息，同属迁就的借用，原是不足为训的。我当初的用意是这样：写上海人心目中的浪漫气氛的香港，已经隔有相当的距离；五十年前的香港，更多了一重时间上的距离，因此特地采用一种过了时的词汇来代表这双重距离。有时候未免刻意做作，所以有些过分了。我想将来是可以改掉一点的。"

另外的那一篇，估计是《创世纪》了。1976 年，张爱玲在《〈张看〉自序》里这么说道："同一时期又有一篇《创世纪》，写我的祖姨母，只记得比《连环套》更坏。她的孙女与耀球恋爱，大概没有发展下去，预备怎样，当时都还不知道，一点影子都没有，在我这专门爱写详细大纲的人，也是破天荒。自己也知道不行，也腰斩了。战后出《传奇》增订本，没收这两篇。从大陆出来，也没带出来，也没想到三十年后阴魂不散，会又使我不得不在这里作交代。"此两篇未完成的小说最后收录在 1976 年出版的小说合集《张看》。

1954 年 7 月，香港天风出版社将《传奇》增订本的内容以另一书名《张爱玲短篇小说集》出版，该书共收录了张爱玲的中短篇小说16篇：《留情》《鸿鸾禧》《红玫瑰与白玫瑰》《等》《桂花蒸 阿小悲秋》《金锁记》《倾城之恋》《茉莉香片》《沉香屑 —— 第一炉香》《沉香屑 —— 第二炉香》《琉璃瓦》《心经》《年青的时候》《花凋》《封锁》及《中国的日夜》。1968年7月，台北皇冠出版社亦以《张爱玲短篇小说集》为书名发行《传奇》增订本的中短篇小说，至二十世纪八十年代初，才以新名《张爱玲小说集》取代。

惊人的拍卖价

近几年，许多内地张迷加入书籍拍卖行列，每当有任何版本的《传奇》出现在拍卖市场，成交价都会创新高。

2018年8月，北京德宝国际拍卖公司在首都图书馆内举办夏季古籍文献拍卖会。此次拍卖品非常吸睛，除《四库全书》样稿、周叔弢批校本、名人信札、元代佛经、明清精刻、碑帖精拓外，还有首次上拍的张爱玲的首本著作《传奇》初版签名本及其余三种版本。该次夏拍吸引了不少收藏家、古籍爱好者及张爱玲粉丝前去竞投。《传奇》由6万元人民币起拍，经几番激烈竞价，最终以10万元落槌，价格令人咋舌！

1954 年 7 月，《张爱玲短篇小说集》首次在香港面世。由天风出版社推出，在香港发售，完全翻印《传奇》增订本的内容，结果大受欢迎。

中華民國四十三年七月初版

必翻　所版
究印・有權

張愛玲短篇小説集

著者：　張愛玲

出版者：　天風出版社
　　　　　香港和富道
　　　　　三二號四樓

經售者：　各大書局

承印者：　大新印刷公司
　　　　　香港電器道
　　　　　二六〇號
　　　　　電話：七六〇〇〇

定價每冊港幣伍圓

1968 年 7 月开始，台北皇冠出版社发行《张爱玲短篇小说集》（左上），内容为《传奇》增订本中的小说，至二十世纪八十年代初才以新名《张爱玲小说集》取代。

收录《不幸的她》的孤本《凤藻》

这几十年来，收录 1932 年张爱玲处女作《不幸的她》、堪称海外孤本的圣玛利亚女校年刊《凤藻》（*The Phoenix*）第 12 期，其庐山真面目从未在任何印刷品上出现过。本人虽然专门收藏张爱玲的著作、图片及文献等物品十数年，但搜寻《凤藻》多年仍未有所得，心有遗憾，只相信书缘未到，唯望将来哪天有缘碰上。在筹备及撰写本书期间，"祖师奶奶"像显灵般知我所想，知我所需，真的给我一次黄金机会，让我遇上这孤本，最后将它平安带回家。2020 年适逢张爱玲百年诞辰及逝世二十五周年，独乐不如众乐，希望跟各位读者分享这篇拙文及小说《不幸的她》的原貌，以纪念这位传奇人物。

张爱玲于 1931 年秋入读上海著名的美国女子教会中学——圣玛利亚女校，1937 年夏毕业，完成为期六年的中学教育。圣玛利亚女校成立于 1881 年，原名为圣玛利亚书院，是美国圣公会在华创办的教会学校，由 1851 年创办的文纪女校和 1861 年创办的俾文女校合并而成。圣玛利亚女校为贵族教会学校，尽管学费昂贵，但许多中产阶级以上的家庭仍以将自己的女儿送进该校为荣。与很多教会学校一样，圣玛利亚女校重视英文，轻视中文，沿用美国的传统教学法，并传授西方礼仪、社交知识等。学生都能说一口流利的英语，但中文水平却令人失望。然而，在这样的环境下，却诞生了一位才华横溢、蜚声文坛的女作家。

仅两本存世

张爱玲的处女作《不幸的她》在就读圣玛利亚女校期间发表，刊于1932年6月学校年刊《凤藻》第12期。"凤藻"比喻华美的文辞，唐代诗人杨燮的《送张相公出征》中有"援毫飞凤藻，发匣吼龙泉"，李白在《夏日诸从弟登汝州龙兴阁序》中写下"当挥尔凤藻，挹予霞觞"，宋代史学家司马光在《稷下赋》中亦有"惜夫美食华衣，高堂闲室，凤藻鸱义，豹文麋质"的美句。校刊《凤藻》的英文名字为 *The Phoenix*，寓意"凤凰火中重生"。传说凤凰是幸福的使者，每五百年就要背负积累于人世间的所有不快和仇恨恩怨，自焚于熊熊烈火中，以生命的终结来换取人世间的祥和与幸福。可见，无论是中文名"凤藻"还是英文名"The Phoenix"，都寄托了圣玛利亚女校师生对这本校刊的厚爱。

根据2014年由徐永初和陈瑾瑜主编的《圣玛利亚女校（1881～1952）》，从1919年至1941年，除1927年及1928年停刊两期外，《凤藻》每年皆出版毕业年刊。上述年刊现分别存放在上海档案馆、上海图书馆、上海第三女中档案室和台湾圣约翰科技大学的上海圣约翰大学校史典藏暨研究中心。至于1932年收录张爱玲处女作《不幸的她》的《凤藻》第12期，现只在上海市档案馆内存有一本，如今本人幸获一本，若没有其他发现，即表明只有两本存世。

《凤藻》为16开本，用道林纸精印，装帧美观，主要由历届毕业班学生负责编辑，分中英文两大部分，但以英文部分为主，内容包括学校概览、教职员介绍、毕业班学生介绍及留言、图片和学生的投稿文章等，并印有赞助者的宣传广告。1932年第12期出版时，张爱玲只有十一岁，为初中一年级乙组的学生，署名是Tsang Ai-ling。她当时入学不久，知悉校方的年刊《凤藻》正征求学生稿件，便拿起笔写下了1200多字的短篇小说《不幸的她》，交到《凤藻》编委会，最后文章被选中刊登。截至目前，《不幸的她》被考证为张爱玲最早发表的中文文章！

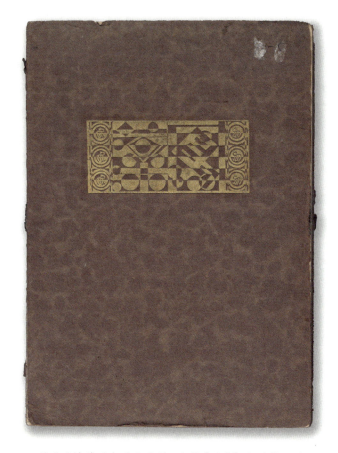

被称为境外孤本的圣玛利亚女校《凤藻》年刊第 12 期，
于 1932 年出版。全本共 190 页，英文部分占 106 页，中文
部分占 84 页，内页除刊出张爱玲十一岁时的两张照片外，
还刊有张爱玲的短篇小说处女作《不幸的她》及首篇英文
之作 *The School Rats Have a Party*。

上海文瑞印书馆（Thomas Chu & Sons）承印的《凤藻》
年刊（1932年）。

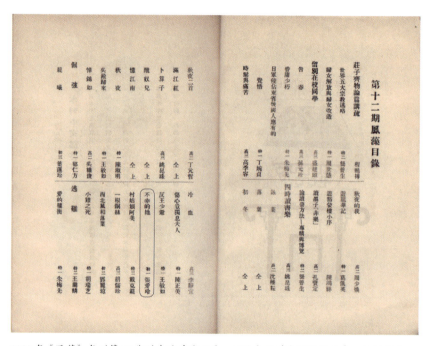

1932年《凤藻》年刊第 12 期的部分中文目录，可见各级学生投稿的文章，包括读初一的张爱玲的处女作《不幸的她》（框内）。

故事刻画人性矛盾

短篇小说《不幸的她》主要讲述了两个女孩的故事，她们是一对亲密的同学。长大以后，一个反抗母亲为"她"订立的婚姻而漂泊四方，另一个则自由恋爱，结婚后过着幸福的生活。十年后，两人相见，感怀身世及不幸的"她"不忍看到密友的快乐，而更显自己的凄清，最后悄然离去。虽莺声初啼，但张爱玲运用生动的叙事，简单又深刻地展现了女性的生命历程。一个"她"在孩童年代拥有快乐和幸福，一旦步入成年便开始成为牺牲品，被母亲许聘给纨绔子弟。另一个"她"为了自由，为了未来，为了打破腐朽的积习，离开了母亲，离开了朋友，离开了奢华的生活，一生漂泊。

张爱玲小小年纪已经醉心写作，她的文章除展现了超凡的写作技巧外，更显露出她对人性的深刻洞察。她在文中写道："我不忍看了你的快乐，更形我的凄清！别了！人生聚散，本是常事，无论怎样，我俩总有蕴着泪珠撒手的一日！"虽只是初中一年级的学生，但她已能深入刻画人性的矛盾，肆意铺陈生命的灰暗面。她当时的笔触已经展现了往后的创作风格，好像也已经预见了她那苍凉而孤傲的一生。

的花是差不多浸在碧藍的水中生長的今天恐怕是個假期所以划到海心遊樂的吧！

「雍姊！你快看這絲海草不是像你那管草哨子一樣嗎拾它起來，我吹給你聽」她一面說，一面變轉了腰伏在船沿上去把手探到水裏。

「雍姊」忙着攔他「仔細點跌下去不是頑的，你不看見浪很大嗎？」她不言語了只緊靠在雍姊的懷惡，顯出依傍的神氣。

在那照澈海底的光明下來，那一抹奇妙的紅霞照耀得海上金波似的。夜幕漸漸罩下來，她倆唱着柔美的歌兒慢慢地搖回家去。

暮色漸漸黯淡了，漸漸消失了她母親帶她到上海去依靠她的姨母。五年之後雍雍的愛友就在熱烈的依戀中流淚離別了。

她的姨母和海中的游泳漸漸的模糊了。在繁華的生活中又過了幾年她漸漸的大了像一朵盛開的玫瑰一樣她在高中畢了業過着奢華的生活城市的繁榮使她腦中的雍姊和海的影子。

她二十一歲她母親已經衰老忽然昏悖地將她許聘給一個紈袴子弟她觸起憤怒煩恨的心曲毅然的拒絕她並且怒氣沖沖

的數說了她一頓把她母親氣得暈了過去她是一個孤傲愛自由的人；所以她要求自立——打破腐敗的積習——她要維持一生的快樂只能咬緊了牙齒忍住了淚痕悄悄地離開了她的母親飄泊了幾年在故友口中忽然接到了量時伴侶雍姊的消息惹她流了許多感傷心欣喜的眼淚雍姊師範學校畢業後在商界服務了幾年便和一個舊友結了婚現在已有了一個美麗活潑的女孩子正和她十年前一樣在海濱度着快樂的生活。

幾度通信後雍姊明瞭了她的環境便邀她來暫住她想了一下就寫信去答允了。她忿急的乘船囘來，見着了兒時的故鄉天光海色心裏蘊着已久的悲愁喜樂都湧上來一陣辛酸溶化在熱淚裏流了出來和雍姊別久了初見時竟不知是悲是喜雍姊倒依然是那種鎮靜柔和的態度只略憔悴些。

「你真瘦了」這是雍姊的低語。她心裏突突的跳着瞧見雍姊的丈夫和女兒的和藹的招待，總覺怔怔忡忡的難過。

四五

「我不忍看了你的快樂更形我的淒清！

別了！人生聚散，本是常事無論怎樣我倆總有蘊着淚珠撒手的一日！」

婚，因為有她存在他不能自由婚娶的。

當他父親看到他的信時氣得鬍子翹起來了咳家門不幸出了這種不肖子他在外鬍鬧不夠還要休妻依我們這種門第豈能做這種沒廉恥的事嗎？……咳！

不久慶君終究回家了，這是在二個媽媽談話的前一星期罷，

但是他囘家後仍舊在父親前提議要離婚的事。

『哼你這種不肖子竟要做出這種辱祖上的榮光的事嗎？可做這種敗壞門楣的事嗎？』慶君的父親氣忿忿的說着。

況且媳婦如此的賢慧孝順你自己想想我們是何等樣的人家豈

慶君聽着這些話就一逕走進自己的房裏去了看到他的五歲的女小孩，正睡在被窩裏他想起這就是他同一個沒有由戀愛而結婚的女子所生的罪惡一時懼從心起竟走到床前把被窩想悶死這個無知的小孩在正這個當兒張媽走進房來看到這個樣

子大吃一驚就高聲的喊着老爺…太…太……快…快……來呀！不知是什麼事都走了進

來，大家就慌忙的去救小孩不久慶君的父親就高聲的罵道：『無辜的小孩，

來。

你為什麼要害死她，你這種不肖子，我的眼前不願看到你。

『我在這家庭裏若一日不許我離婚一日不許我除這罪孽我決不能一日存在的。在家庭裏覺得不到一些自由毋甯就除去了罷』說完覺提了皮包大踏步走向大門口去了這大約就一直到上海去了。

不幸的她

初一　張愛玲

秋天的晴空展開一片清艷的藍色，洗淨了雲翳在長天的盡處綿延着無邊的碧水。那起伏的海潮好像美人的柔胸在藍穹中一般摩盪出洪大而溫柔的波聲變潔白的海鷗活潑地在水面上飛翔。在這壯麗的風景中有一隻小船慢慢的掉槳而來：船中坐着兩個活潑的女孩子她們才十歲光景袒着胸穿着緊緊的小游泳衣服赤着四條粉腿又常放在船沿上讓浪花來吻她們的脚，像這樣大胆的擧動她倆一點兒也不怕緊緊的抱着偎着笑着遊戲着她倆的眼珠中流露出生命的天真的沈醉的愛的光

她倆就住在海濱，是M小學的一對親密的同學這兩朵含苞

四四

1932 年，只有十一岁的张爱玲在《凤藻》上发表人生首篇小说《不幸的她》（局部）。小说只有 1000 多字，但已令人惊叹！文中她写在左页的引句，尽显她苍凉而孤傲的性格。

Class of 1937, Section B 初中一 乙組

1932年圣玛利亚女校内，十五名初中一乙组学生，由低至高同时倚坐在一架跷跷板上。或因安全和平衡等原因，身材最瘦小、身穿深色格子短袖旗袍的张爱玲，被安排坐在中间位置（左八）。图中可见张爱玲不是正面望向前方，而是目光游移至左方别处，与面对镜头微笑的其他同学截然不同。相片中的"Class of 1937"，意谓将于1937年毕业的班级。

Junior Music Club 初級琴會

1932年，初中一乙组的张爱玲是初级琴会的小成员。张爱玲身穿深色格子短袖旗袍坐在草地上（前排左三），目光移到别处，满怀心事似的。

《凤藻》年刊内的赞助商宣传广告。图为上海四大百货公司（先施、永安、新新及大新）之一新新公司的广告。

最早的英文创作

　　张爱玲是少数能中能英能译的双语作家，更能反复改写。有些作品她会先用英文写，再自译成中文，其中包括以下散文及小说：《私语》(*What a life! What a girl's life!*)、《五四遗事》(*Stale Mates*)、《洋人看京戏及其他》(*Still Alive*)、《更衣记》(*Chinese Life and Fashions*)、《重访边城》(*A Return To The Frontier*)、《怨女》(*The Rouge of the North*)等。至于先用中文写，后自译成英文的，则有《赤地之恋》(*Naked Earth*)及《金锁记》(*The Golden Cangue*)等。

张爱玲用英文写了中篇小说 *The Rouge of the North*，并自行翻译成中文《怨女》。此小说是对她之前的短篇小说《金锁记》的改写，于1967年首次发表。小说讲述女主角柴银娣坎坷的一生，引起社会对女性问题的关注。作者刻意省略许多叙述的场景，比如情节结构、人物心理变化等，令小说读来更显女主角的平凡。

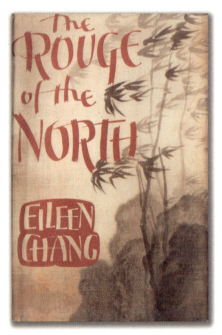

1938 年，Eileen Chang（张爱玲）在上海的英文报纸《大美晚报》(*Shanghai Evening Post*) 上发表了一篇题为 *What a Life! What a Girl's Life!* 的文章。文章发表六年后，张自行将它译成中文《私语》，于 1944 年在《天地》第 10 期发表。

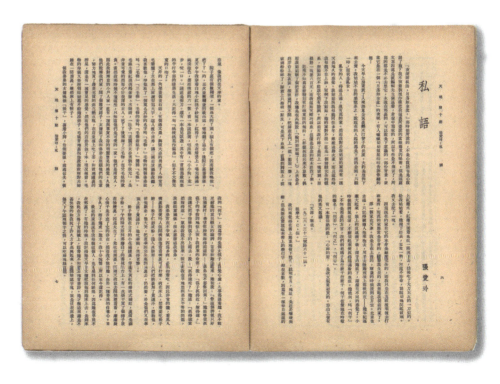

双语作家

在文坛上能兼用中英文创作的人不是没有，但像张爱玲这样写得如此流畅及精彩，同时还可自行翻译的，实在令人佩服。若细究原因，可能与她从小的双语学习经历有关。除了母亲灌输给她的西方思想外，最重要的是她入读了上海著名的圣玛利亚女校，以及后来在香港大学遇到的名师，如文学院的中文系教授许地山、翻译老师陈君葆及历史系副教授佛朗士（N. H. France），再加上张爱玲自己孜孜不倦地钻研翻译文学、中英文学史、英国小说选读、英国散文及诗歌等，这些都为她日后的双语写作打下了稳固的基础。张爱玲的首篇英文作品究竟在何时发表的？作品名又是什么？

2014年，上海《档案春秋》杂志第1期刊登了徐如林的文章《凤栖于梧：张爱玲的中学时代》，《东方早报·上海书评》则刊出祝淳翔的《新发现的张爱玲早期英文习作》，前者首次发现张爱玲载于1936年《凤藻》年刊第102页的早年英文习作 *The Sun Parlor*，后者则发现两篇写于1937年的英文习作 *The School Rats Have a Party* 和 *A Dream on the Journey*。祝淳翔的文章提及，因从上海图书馆借出的馆藏纸质版有破损，经合理推断，该两篇英文习作应当都载于1936年《凤藻》年刊上（第48页和第72—74页）。这些是否为她最早的英文习作？

发现张的英文处女作

看过以上两文的叙述，即时产生疑问，为何 1936 年出版的《凤藻》年刊上竟可刊登两篇 1937 年的英文习作？显然推断的年份存有疑问，但要如何证明？笔者翻开自己收藏的 1932 年《凤藻》年刊，看看能否找出一些线索来。谁知张爱玲的英文习作 *The School Rats Have a Party*（《校鼠派对》）竟出现在该年刊上，跟《不幸的她》是同年发表的！由此确定张爱玲的英文处女作写于 1932 年，推翻了以往认为 1936 年为张爱玲首次发表英文文章的论断，同时也解答了张爱玲何时开始英文创作这个困扰了张学研究者多年的疑问。

1932 年，张爱玲只有十一岁，为初中一年级乙组的学生，英文名字是 Tsang Ai-ling，毕业年份是 1937 年，年刊文章之下的作者署名都尾随毕业年份，故找到"TSANG AI-LING, 1937"以作识别。

The School Rats Have a Party 是一篇虚构的英文短篇作品，讲述学校里一只名叫 Miss Black 的母老鼠，嫁给了一只名叫 Mr. Brown 的公老鼠。婚礼仪式后它们举行了一场盛宴，又跳舞又唱歌。第二天早上，笔者穿过大门时突然听到一阵嘈杂的声音，看到老鼠群正在开派对，她感到非常惊讶，还大喊路人来看。也许是因为笔者的声音太大了，所有老鼠都迅速回家了。

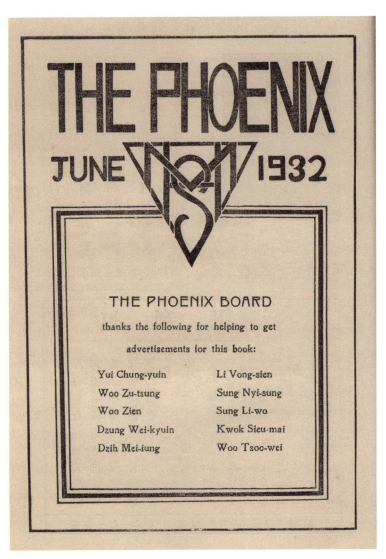

1932年6月上海圣玛利亚女校年刊《凤藻》在校发行，图中可见圣玛利亚女校的校徽。

ii

The Phoenix(《凤藻》)的英文目录，在"CLASS OF 1937"一列，可找到 The School Rats Have a Party，作者是 Tsang Ai-ling。

to the grounds with my schoolmates. After we came back to our room, I saw that one of my feet was in a leather shoe and the other was in a bedroom slipper. That looked so funny, but I hated the bell. That meant I could not sleep at the time and also that I got cold, because I had only a sheet to cover my night clothes.

IUNG CHAU-NGOO, 1937.

————=o=————

The School Rats Have A Party

In our school there is a beautiful lady rat named Miss Black. She is very stylish and famous, so that all the rats know her. She married a great gentleman named Mr. Brown on Saturday. That night they were very happy, all their friends and relatives came to the party. Miss Black wore a pretty long dress, and a white long veil on her head. It made her black face and body more black. Mr. Brown has two little brown eyes, and little black whiskers. When their wedding was finished, they gave a feast and danced and sang. The guests and ladies danced with their little boots and little high heeled shoes as loudly as they could, but no student heard it, because it was midnight and they were fast asleep.

Next morning, I rose very early and went down the stairs to take a walk. When I passed the doorway, suddenly I heard a noisy voice, then I peeked in at the door. When I saw the happy party, how surprised I was! I cried, "See! See! The rats have a party!" Maybe my voice was too loud for the rats all stood up and took their feast and quickly ran to their home.

TSANG AI-LING, 1937.

————=o=————

Midnight Alarms

One Sunday last year in school, I and my three roommates all had nothing to do. So we talked about the customs of our city and many interesting things. By and by we talked about the thief. I said, "Suppose to-night we have a thief in our room. When one of you hears that, what will you do?" One of my roommates named Mary said, "I shall shout loudly." Another said, "What is the use of shouting loudly? You must fight with him." Mary said, "But I haven't a gun." We talked of many plans but no one was good.

At midnight I was in deep dreams. Suddenly I heard a voice shout "Ai-tsung! Please help me!" I was very surprised and asked, "What is the matter? Mary! Why did you speak English to me?" But she only

凭着此境外孤本，证实张爱玲的英文处女作为 *The School Rats Have a Party*，与其首篇中文小说《不幸的她》同于 1932 年发表。

出生日期之谜

　　1939 年 1 月，张爱玲获伦敦大学的入读资格，但因战争爆发，未能前往。同年 8 月，她持伦敦大学成绩单，从上海辗转到香港，入读香港大学文学院。当时她不足十九岁，因为年纪太小，香港大学要求她找一位本地监护人。幸好张爱玲的姑姑张茂渊在英国留学时认识了一位上海男子李开第。当时李正在香港工作，愿意当张爱玲的监护人。李开第曾经留学英国，已获工程学学位，是一名注册工程师。1925 年，李开第和张茂渊在赴英的轮船上认识，1979 年，两人在七十八岁的高龄成婚。

　　张爱玲于 1939 年 8 月 29 日在港大注册入学。当天，她亲手填写了港大入学登记证，包括中英文姓名、出生地点、居住地址、籍贯、监护人姓名及地址、前校名及学历。在出生日期一栏中，她写下"1920 年 9 月 19 日"，字体清晰，成为张爱玲出生日期的最早亲笔记录。

　　可是这个她自行填写的出生日期，掀起了文坛的一番争论。部分研究张爱玲的学者否定此日期，认为真实日期应是 1920 年 9 月 30

日；亦有部分张学研究者及张迷深信 9 月 19 日才对，认为她不可能连自己的出生日期都弄错。作家于青及孔庆茂在《张爱玲传》及《流言与传奇——张爱玲评传》中，分别提及张爱玲的出生日期是 1920 年 9 月 19 日，认为港大的学生档案是最可靠的资料。为什么她的出生日期会有两个版本，两者还相差十一天？

1907 年，时任香港总督的卢吉爵士（Sir Frederick Lugard）提出兴办本地大学。1912 年 3 月 11 日，香港大学正式开放，除医学和工程为首的两个学院外，文学院亦同时创立。张爱玲于 1939 年 8 月 29 日在港大注册入读文学院。图为香港大学的彩色明信片，约于二十世纪三十年代发行。

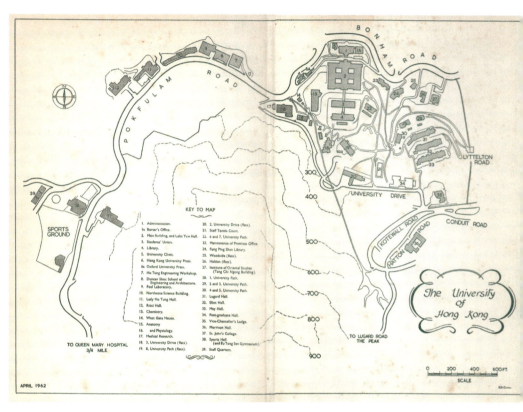

KEY TO MAP

1. Administration.
1a. Bursar's Office.
2. Main Building, and Loke Yew Hall.
3. Students' Union.
4. Library.
5. University Clinic.
6. Hong Kong University Press.
6. Oxford University Press.
7. Ho Tung Engineering Workshop.
8. Duncan Sloss School of
   Engineering and Architecture.
9. Peel Laboratory.
10. Northcote Science Building.
11. Lady Ho Tung Hall.
12. Ricci Hall.
13. Chemistry.
14. West Gate House.
15. Anatomy
    and Physiology.
16. Medical Research.
17. 3, University Drive (flats).
18. 3, University Drive (flats).
19. 8, University Path (flats).

20. 2, University Drive (flats).
21. Staff Tennis Courts.
22. 6 and 7, University Path.
23. Maintenance of Premises Office.
24. Fung Ping Shan Library.
25. Woodside (flats).
26. Haldon (flats).
27. Institute of Oriental Studies
    (Tang Chi Ngong Building).
28. 1, University Path.
29. 2 and 3, University Path.
30. 4 and 5, University Path.
31. Lugard Hall.
32. Eliot Hall.
33. May Hall.
34. Post-graduate Hall.
35. Vice-Chancellor's Lodge.
36. Morrison Hall.
37. St. John's College.
38. Sports Hall
    (and Eu Tong Sen Gymnasium).
39. Staff Quarters.

APRIL 1962

香港大学的校舍主要分布于香港岛薄扶林一带，本部大楼是香港大学的一座古老建筑物，采用后文艺复兴时期的建筑风格，由莫迪爵士（Sir H.N. Mody）于 1910 年捐建，1912 年落成，在内建有大礼堂，名为"陆佑堂"。香港沦陷期间，本部大楼曾被征用为临时医院。图为 1962 年 4 月的香港大学校园地图，本部大楼的位置见 2 号建筑物。

```
EXTRACT FROM STUDENTS' RECORDS
==============================

NAME:              Miss Eileen Chang
BIRTH PLACE        Shanghai
BIRTH DATE         September 19, 1920
NATIONALITY        Chinese
PREVIOUS EDUCATION St Mary's Hall.
QUALIFACTION       London Matriculation, Jan, 1939.
REGISTERED         August 29, 1939.
███████
UNIVERSITY EXAMINATIONS
```

张爱玲在香港大学的学生记录，出生日期为 1920 年 9 月 19 日。
（图片源自 1996 年 6 月出版的《香港笔荟》第 8 期）

1952 年 8 月 21 日，香港大学文学院院长贝查（B. G. Birch）写了一封推荐信，说明张爱玲原是港大学生，成绩优异，曾获何福奖学金，因日本侵占香港而被迫中断学业，现支持她向港大申请助学金以完成学业。（图片源自 1996 年 6 月出版的《香港笔荟》第 8 期）

UNIVERSITY OF HONG KONG

TELEPHONE
No. 28056   DEPARTMENT OF ENGLISH

August 21,1952.

Vice-Chancellor.

I strongly support this application.
Miss Chang was a student here when the
Japanese War broke out and was one of our
brightest students. She is now a refugee
from Red China. She wishes to complete
her interrupted course for the B.A., but
has no resources other than what she earns.
Her winning of the Ho Fook Prize shows that
she was the best student of her year.

B.G. Birch

Dean, Faculty of Arts.

两个出生日期

　　首先谈谈 1920 年 9 月 30 日这个日期的由来。1955 年，张爱玲移居美国，到埠后此日期就出现在其绿卡上。翌年，在她与德裔美国人赖雅（Ferdinand Reyher）的结婚证书上，甚至在 1995 年她的死亡证上，印出的出生日期也都是 1920 年 9 月 30 日。另有一些著作为证，例如 1996 年司马新的著作《张爱玲与赖雅》，提到赖雅在日记里写了他的第二任妻子张爱玲的出生日期及以往的生活琐事。

　　司马新指出张爱玲出身于中国传统家庭，出生日期应以中国农历（即阴历）为准，若以西方公历（即阳历）计算，每年生日的日期都不相同。赖雅在日记里写道，1958 年 10 月 1 日是张爱玲的三十八岁生日，他特地写在日记上提醒自己为她庆祝。

　　翻查万年历，1958 年公历 10 月 1 日正是农历八月十九。再查 1920 年的农历八月十九，公历对应的恰好是 9 月 30 日，是张爱玲绿卡、结婚证书及死亡证上写的出生日期。以上农历及公历的不同日子，令坊间议论纷纷。有人说张爱玲在港大登记入学时，将自己的出生日期错写成了农历九月十九，正确的应是农历八月十九。亦有人认为她故意将出生日期以农历计算并延后一个月，以改变命运。甚至有人说她的出生日期应为公历 9 月 19 日，她抵美后，认为自己命格及性格不像处女座，更像天秤座，所以索性更改出生日期以配合新星座。

　　张爱玲的真实出生日期是否如众所说的是公历 1920 年 9 月 30 日（庚申年农历八月十九）？这个谜团至今仍扑朔迷离，没有确切的答案，有待后世发掘更多资料来佐证。

1996 年 5 月，大地出版社出版《张爱玲与赖雅》，
作者是曾与张爱玲通信十余年的司马新博士。1956
年 2 月，张爱玲搬往美国东北部新罕布什尔州的麦
道伟文艺营，认识了赖雅，二人于同年 8 月结婚，当
时张爱玲才三十六岁，赖雅已六十五岁。

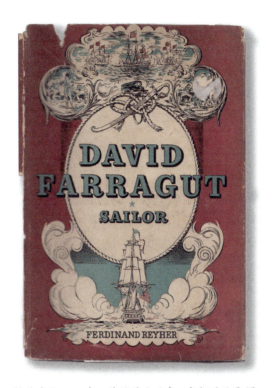

赖雅生于 1891 年，德国移民后裔，年轻时显露耀眼的文学才华，他结过一次婚，有一个女儿。后为摆脱婚姻的束缚，与前妻解除婚约。为了重拾文笔，他去了麦道伟文艺营，张爱玲因此闯入他的晚年生活，使他感到从未遇过的爱的力量。图为赖雅于 1953 年出版的著作 *David Farragut, Sailor*，讲述美国首位海军上将的惊奇冒险故事。书中第一页有赖雅的亲笔签名。

我的弟弟张子静

张爱玲的弟弟张子静，小名小魁，1921 年出生于上海。曾就读于上海的圣约翰大学经济系，但不久肄业，后任职于中央银行扬州分行、无锡分行，1949 年后在上海浦东郊区任小学语文教师及黄楼中学英文教师，1986 年底退休，1997 年离世。

姐弟俩出生在一个显赫家庭，年龄相差不过一岁多，但两人却步上不同的人生道路，遭遇不同的风浪，得出不同的结果。张爱玲早在上海的"孤岛"时期已是一名著名作家，张子静却一生寂寂无闻。

《童言无忌》中的弟弟

1944 年 5 月 1 日，张爱玲在《天地》杂志的春季特大号《生育问题特辑》上发表了一篇散文《童言无忌》。这篇文章共有五个主题，主要是"把自己的事写点出来"，包括"钱""穿""吃""上大人"及"弟弟"。此文后来被收录到其散文集《流言》中，作首篇文章。在"弟弟"部分中，张爱玲对弟弟有以下看法：

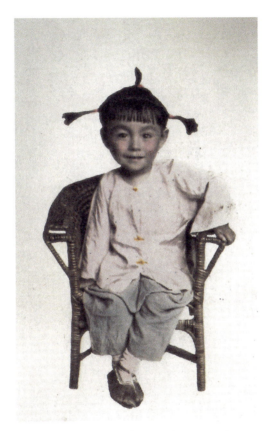

张子静儿时照片，曾被其母亲制成明信片。

张爱玲的散文《童言无忌》最早于 1944 年 5 月 1 日发表在由苏青主编的《天地》春季
特大号《生育问题特辑》上。

我的弟弟生得很美，而我一点都不。从小我们家里谁都惋惜着，因为那样的小嘴、大眼睛与长睫毛，生在男孩子的脸上，简直是白糟蹋了。长辈就爱问他："你把眼睫毛借给我好不好？明天就还你。"然而他总是一口回绝了。有一次，大家说起某人的太太真漂亮，他问道："有我好看么？"大家常常取笑他的虚荣心。

他妒忌我画的图，趁没人的时候拿来撕了或是涂上两道黑杠子。我能够想象他心理上感受的压迫。我比他大一岁，比他会说话，比他身体好，我能吃的他不能吃，我能做的他不能做。

……有了后母之后，我住读的时候多，难得回家，也不知道我弟弟过的是何样的生活。有一次放假，看见他，吃了一惊，他变得高而瘦，穿一件不甚干净的蓝布罩衫，租了许多连环图画来看……大家纷纷告诉我他的劣迹：逃学，忤逆，没志气……

甘于当凡夫

张爱玲发表此文时，她笔下生得很美的弟弟张子静只有二十三岁。因身体不好，自圣约翰大学经济系辍学后，他尚未正式工作。那时张爱玲已是上海最红、最受欢迎的作家，但他对姐姐在《童言无忌》中对他的描述、赞美和取笑，既没有高兴，也没有生气，甚至看到文章结尾处写的"他已经忘了那回事了。这一类的事，他是惯了的。我没有再哭，只感到一阵寒冷的悲哀"，他也没有特别的感觉。

张子静表示从小就什么都不如姐姐，更没有她的聪慧和灵敏。即使到了二十多岁，既没有大的快乐，也没有深的悲哀，像是日复一日麻木地生活。在上海"孤岛"的末期，他中断学业，没有工作，没有爱侣，只是沉溺于烟雾迷蒙的世界中。之后，他住在上海浦东的一间小屋里，当一个中学英文教员。姐姐发表的每一篇文章他都会看，想从中了解自小到大都不甚亲密的姐姐。即使她很少写到弟弟，且写到的内容大部分是叹他的"哀其不争"，有时文字甚至显得有点冷漠，弟弟只是说他没有悲哀。晚年的张子静曾说："'没志气'的我，庸碌大半生，仍是一个凡夫。"

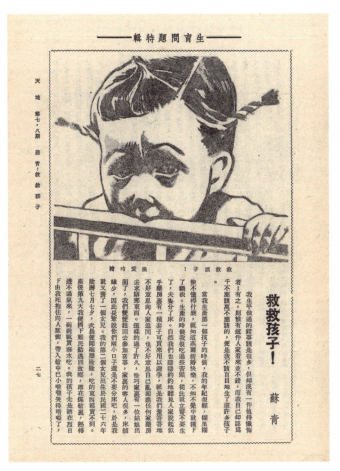

天地 第七·八期 蘇青：救救孩子

——生育問題特輯——

救救孩子！

蘇 青

我生平做過的錯事該是很多，但却沒有一件值得懺悔者；有之，則惟有這件人家看來並不錯，而我自己却認爲千不該萬不該的，便是我不該盲目地生育這許多孩子了。

當我生產第一個孩子的時候，我的年紀很輕，糊裏糊塗不懂得什麼，祇知道燕爾新婚快樂，不知不覺中就種下了禍根。生殖的時候我很怕過苦頭，從此就立意不要生了。自然我們也隱隱約約地聽見人家說起似乎藥房裏有一種姦子可買來用以避孕，祇我家裏有一位姑娘出去求避孕那東西。這樣的過了許久，恰巧家裏養育不好意思向人家道出，也不好意思自己亂闖進任何家藥房間了，我們便雙趕回去參加喜事，誰說你們用小口子還是不要分床吧，於是我就又養了一個女兒。我的第二個女兒出生於民國二十六年陰曆七月七夕，次晨便聞砲聲隆隆，踏在操船裏，吃的東西都買不到。亂後第九天我便攜下難民船逃回故鄉，帶入艙中已小喉嚨哭得啞啞了，熱得透不過氣來，一碗碗瓶裝買海水吃，由我死抱住向人墨衡，

二七

张爱玲不但为上海《天地》杂志撰稿，还为它绘画插图，设计封面。1944年5月1日，苏青在《天地》第7期和第8期的合刊中发表一篇散文《救救孩子！》，配上张爱玲画的一幅头梳左右羊角辫的小女孩的素描。这幅素描中小孩眼带惊慌，两辫横立，口啃栏杆，手捏栏杆，像受着苦般向人求救。张爱玲似把自身童年的惨痛记忆，透过素描画表达出来。

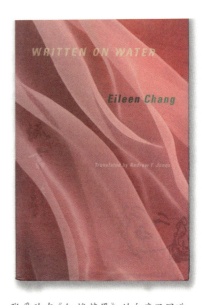

1944 年 12 月，张爱玲的《流言》由上海五洲书报社总经销，封面由张爱玲设计。鲜黄色底色配以身穿清装的女士，书名、绘图及作者名均出自张爱玲手笔。张爱玲提及弟弟张子静的散文《童言无忌》被编为该书的首篇文章。

张爱玲在《红楼梦魇》的自序里写道："以前《流言》是引一句英文——诗? Written on Water（水上写的字），是说它不持久，而又希望它像谣言一样传得快。我自己常疑心别人懂不懂，也从来没问过人。"图为《流言》的英译本 Written on Water，由 Andrew F. Jones 翻译，美国哥伦比亚大学出版社于 2005 年出版。

图为不同年代、不同时期、不同出版社出版的《流言》版本。

散文集《流言》与小说集《传奇》的出版方式截然不同，《流言》是张爱玲自己当"发行者"，由上海五洲书报社"总经销"。为了此书的出版，张爱玲出心出力，自己找纸张她印刷，用她好友苏青的话说，就是"郑重付刊"。

《流言》收录了张爱玲在 1943 年至 1944 年间陆陆续续写的东西，包括她对音乐、对艺术、对京剧的心得；写了她与姑姑的感情，与炎樱的友情；还谈到她如何看女人，如何看爱情，以及双亲对她的影响。在这些散文里，张爱玲透出她对人世的冷眼旁观，让人巡行在字里行间的意味里。

我的姐姐张爱玲

1943 年，张爱玲的弟弟张子静与友人合办一份称作《飙》的刊物，创刊目的是希望在正值"孤岛"时期的上海，《飙》能带来一阵暴风骤雨，洗刷人们内心的苦闷及空虚。刊物出版前，编辑张信锦知道张子静的姐姐是当红作家张爱玲，便提议张子静去找她写稿，但最后被拒绝。张爱玲只画了一幅素描画给他，名叫《无国籍的女人》。

张子静凭着自小对姐姐的观察，撰写了一篇短文《我的姊姊张爱玲》，于 1944 年 9 月在《飙》创刊号发表，让读者了解张爱玲风华正茂时的生活状况。姐姐替他画的那张素描也出现在文章之后，成为姐弟俩此生唯一的图文合作。

1944年9月，上海正值"孤岛"时期，张子静与友人出版文艺刊物《飙》创刊号，刊物尺寸是正32开。目录中可找到张爱玲所画的一幅名为《无国籍的女人》的素描及张子静的散文《我的姊姊张爱玲》。

我的姊姊——

張愛玲

她的脾氣就是喜歡特別：隨便什麼事情總愛跟別人兩樣一點。就拿衣裳來說罷，她頂喜歡穿古怪樣子的，記得三年前她從香港回來，我去看她，她穿著一件矮領子的布旗袍，大紅顏色的底子，上面印著一朵一朵藍的白的大花，兩邊都沒有紐扣，是跟外國衣裳一樣鑽進去穿的，領子眞矮，可以說沒有，在領子下面打著一個結子，袖子短到肩膀，長度只到膝蓋，我從沒有看見過這樣的旗袍，少不得要問問她這是不是最新式的樣子，她淡漠的笑道：「你眞是少見多怪，在香港這種衣裳太普通了，我正嫌這樣不夠特別呢！」嚇得我也不敢再往下問了。我還聽人說有一次，她的一個朋友的哥哥去道喜，她穿了一套前清老樣子的繡花的襖褲，滿座的賓客爲之驚奇不止，上海人眞不行，全跟我一樣少見多怪。

還有一回我們許多人到杭州去玩，剛到的第二天，她看報上登著上海電影院的廣告——談瑛做的「風」，就非要當天回上海來看不可，大家夥怎樣慫留也沒有用，結果只好由我陪她回來，一下火車就到電影院，連

張子靜

《我的姊姊张爱玲》为《飙》创刊号的特稿，吸引不少读者细阅，让他们了解张爱玲鲜为人知的生活点滴。

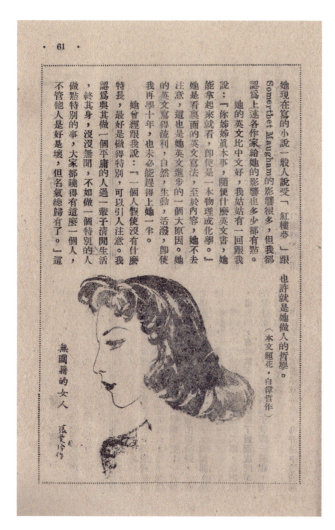

她現在在寫的小說一般人說受「紅樓夢」跟
Somerset Maugham的影響出多少都有點。
認爲上述各作家給她的影響很多，但我卻
她的英文比中文好，我姑姑有一回跟我
說：「你姊姊眞本事，隨便什麼英文書，她
能拿起來就看，即使是一本物理或化學。」
她是看裏面的英文寫法，至於內容，她不去
注意，這也是她英文進步的一個大原因。她
的英文寫得流利，自然，生動，活潑，即使
我再學十年，也未必能趕得上她一半。

她曾經跟我說：「一個人假使沒有什麼
特長，最好是做得特別。可以引人注意。我
認爲與其做一個平庸的人過一輩子清閒生活
，終其身，沒沒無聞，不如做一個特別的人
做點特別的事，大家都曉得有這麼一個人，
不管他人是好是壞，但名氣總歸有了。」這
也許就是她做人的哲學。

（本文題花·白偉哲作）

無國籍的女人　張愛玲作

《无国籍的女人》
素描画，由张爱玲
亲手绘画。

以下收录《我的姊姊张爱玲》的全文：

她的脾气就是喜欢特别：随便什么事情总爱跟别人两样一点。就拿衣裳来说罢，她顶喜欢穿古怪样子的。记得三年前她从香港回来，我去看她，她穿着一件矮领子的布旗袍，大红颜色的底子，上面印着一朵一朵蓝的白的大花，两边都没有纽扣，是跟外国衣裳一样钻进去穿的，领子真矮，可以说没有，在领子下面打着一个结子，袖子短到肩膀，长度只到膝盖，我从没有看见过这样的旗袍，少不得要问问她这是不是最新式的样子，她淡漠的笑道："你真是少见多怪，在香港这种衣裳太普通了，我正嫌这样不够特别呢！"吓得我也不敢再往下问了。我还听人说，有一次，她的一个朋友的哥哥结婚，她穿了一套前清老样子绣花的袄裤去道喜，满座的宾客为之惊奇不止，上海人真不行，全跟我一样少见多怪。

还有一回我们许多人到杭州去玩，刚到的第二天，她看报上登着上海电影院的广告——谈瑛做的"风"，就非要当天回上海来看不可，大家伙怎样挽留也没有用，结果只好由我陪她回来，一下火车就到电影院，连赶了两场，回来我的头痛得要命，而她却说："幸亏今天赶回来看，要不然我心里不知道多么难过呢！"

家里从前有一个小丫头，名字叫小胖，又胖又笨，长得又难看，姊姊一向讨厌她，有一天不知道怎么高兴起来，一早起来就弹琴教小胖唱《渔光曲》。小胖实在太笨了，怎样也学不会"云儿飘在天空，鱼儿藏在水中"，她老唱作"云儿藏在水中，鱼儿飘在天空"。从八点钟教到十一点，好容易把这两句教会了，可是把父亲吵醒，被骂了一顿，她大哭一场，就这样不了了之，她没有再教过小胖。

她不大认识路，在从前她每次出门总是坐汽车时多，她告诉车夫到哪里去，车夫把车子开到目的地，她下车进去，根本不去注意路牌子。现在她当然不坐汽车，路名应该熟得多了，可是有一次讲起看书事情，她劝我到工部局图书馆去借。我问她怎么走法，在什么路上，她说路名我不知道，你坐电车到怎么样一所房子门口下来，向左走没有几步路就是。你不要觉得奇怪，我们国学大师章太炎先生，也是不认识路的。大概有天才的人，总跟别人两样点吧。

　　她能画很好的铅笔画，也能弹弹钢琴，可她对这两样并不十分感觉兴趣，她还是比较喜欢看小说。《红楼梦》跟Somerthet Maugham写的东西她顶爱看，李涵秋的《广陵潮》、天虚我生的《泪珠缘》，她从前也很欢喜看；还有老舍的《二马》《离婚》《牛天赐传》，穆时英的《南北极》，曹禺的《日出》《雷雨》也都是她喜欢看的。她现在写的小说一般人说受《红楼梦》跟Somerthet Maugham的影响很多，我却认为上述各作家给她的影响也多少都有点。

　　她的英文比中文好，我姑姑有一回跟我说："你姊姊真本事，随便什么英文书，她能拿起来就看，即使是一本物理或化学。"她是看里面的英文写法，至于内容，她不去注意，这也是她英文进步的一个大原因。她的英文写得流利，自然，生动，活泼，即使我再学十年，也未必能赶得上她一半。

　　她曾经跟我说："一个人假使没有什么特长，最好是做得特别，可以引人注意。我认为与其做一个平庸的人过一辈子清闲生活，终其身，默默无闻，不如做一个特别的人做点特别的事，大家都晓得有这么一个人，不管他人是好是坏，但名气总归有了。"这也许就是她做人的哲学。

Eileen Chang has based *The Rouge of the North* on a novella she wrote in Chinese entitled *The Golden Cangue* and she is uniquely qualified to write about the periods of Chinese life she describes in her novel. Her grandmother's father was the Chinese statesman, Li Hung-chang, while her grandfather, Chang P'ei-lung, was the chief political casualty of the Sino-French War of 1884. Eileen Chang herself was born in Shanghai and spent all her life there until she left for Hong Kong in 1952. Since 1955 she has lived in the U.S.A. and was until recently writer in residence at Miami University, Oxford, Ohio. She is now an Associate Scholar at the Radcliffe Institute for Independent Study, Cambridge, Mass., where she holds a fellowship to translate an Old Chinese novel, *Hai Shang Hua*.

1944 年，张爱玲身穿清装，大袄下穿着薄呢旗袍，让业余摄影师童世璋及其友人替她拍照。这张照片曾用作英文小说 *The Rouge of the North*（中译本《怨女》）的书底插图，1944 年出版的《流言》封面上的张爱玲自画像，亦用这张照片作蓝本。

张爱玲的弟弟张子静所写的《我的姊姊张爱玲》提及张曾为了看电影而弃其他朋友而去，赶车回上海的片段，可见张爱玲是一位影迷。图为张爱玲喜爱的戏院，是位于霞飞路及迈尔西爱路（今淮海中路及茂名南路）交界的国泰大戏院，她在此地看过不少卖座电影。

2005 年 10 月，张子静和季季（本名李瑞月）合著出版《我的姊姊张爱玲》。张子静以《如果我不写出来》为题，作为书中前言，写有"姊姊和我都无子女。她安详辞世后，我更觉得应该及早把我知道的事情写出来。在姊姊的生命中，这些事可能只是幽暗的一角，而曾经在这个幽暗角落出现的人，大多已先我们而去，如今姊姊走了，我也风烛残年，来日苦短。如果我再不奋励写出来，这个角落就可能为岁月所深埋，成了永远无解之谜"。

　　张子静往后还记起张爱玲曾对他说过的学习心得："积累优美词汇和生动语言的最佳方法就是随时随地留心人们的谈话，不论是在路上、车上、家里、学校里还是在办公室里，一听到后就设法记住，写在本子里，以后就能成为写作时最好的原始材料。提高英文和中文的写作能力，有一个很好的方法，就是把自己的一篇习作由中文译成英文，再由英文译成中文。这样反复多次，尽量避免重复的词句，经常这样练习，中英文都会有很大的进步。"

　　1938 年，张爱玲从父亲家逃走后，十七岁的弟弟张子静感觉孤单寂寞，他偷偷跑到上海开纳路的开纳公寓去找母亲和姐姐，希望能留下来。母亲委婉地说自己供姐姐上大学已经很吃力了，再无能力及多余的金钱照顾他，只能劝他回父亲的家，勤力读书。离别一刻，张爱玲及张子静都哭了，他们之间的感情还是很深切的，也对对方充满关怀之情。

读书或嫁人

　　1937 年 7 月 7 日，卢沟桥抗战爆发，又称"七七事变"，全国性的抗日战争由此开始。同年，张爱玲中学毕业，她向父亲张廷重提出留学的要求，但父亲不准许。当时父亲和中华民国国务总理孙宝琦的女儿孙用蕃已再婚三年，张爱玲和继母关系不佳，曾经和她吵嘴，被父亲打了一顿，更被锁在大宅的房间幽禁了半年，其间又得病，幸得以治疗，恢复健康。1938 年初，她终在一个深夜里逃出这幢曾经声望显赫的家族大宅，跑到开纳公寓，投靠已与父亲分手的母亲黄逸梵，祈望以后有安宁的生活。十八岁的她把这段痛苦经历用英文写成一篇散文 *What a life! What a Girl's Life!*（《私语》），后刊登在《大美晚报》，是她首篇在报刊上发表的英文文章。

　　这段不快的经历不但令她身体受创，更令她心灵受到严重伤害，惨痛的记忆伴随了她一生。后来，她分别在《小团圆》《半生缘》《易经》等小说里，一次又一次地提及和改编此经历，也塑造了她作品里的一些经典场面。

1938年，张爱玲用英文写的散文 *What a Life! What a Girl's Life!* 刊登在《大美晚报》上。图为《西风》杂志上的《大美晚报》广告，以"立论纯正，言人所不敢言"及"消息迅捷，记人所不敢记"等宣传口号作招揽。

半年的囚禁生活后，她和父亲从此疏远，对父爱的追求也破灭了。1953 年，她的父亲在江苏路 285 弄的小屋中病逝，享年五十七岁。

生活拮据

不久我母亲回到上海来了，就先为舅舅家找了位于开纳路明月新村的房子；她和我姑姑则搬进明月新村对面一家较小的公寓（开纳公寓）里租住。我母亲那年回上海，主要是设法让我姊姊去英国读大学。平日没事儿几乎每天回我舅舅家吃晚饭、聊天。

《我的姊姊张爱玲》，张子静

当时黄逸梵的家在上海开纳路（今武定西路）的开纳公寓，张的姑姑张茂渊也在此居住，一屋三人共同生活。开纳公寓是一栋四层高的公寓，一梯两户，每户门上都铺有玻璃，并设有一块薄纱，以作遮挡及防窥视。公寓内设有一个花园，并有一口水井。

张爱玲在开纳公寓住了一段时间后，才知道母亲的窘境超乎她的想象，母亲当时要靠变卖家中剩余不多的古董旧物来维持生活所需，弟弟张子静来投靠也照顾不到。她的母亲因经济困难，跟张爱玲坦言："我的钱不多，你跟了我只有两种选择：一是用这些钱去打扮自己，将来好寻得一个好人家；一是认真读书，做个独立自主的人。"最后，张爱玲选择了后者。

1937 年，张爱玲从上海圣玛利亚女校毕业，1939 年 1 月以优良成绩考获伦敦大学奖学金，准备赴英修读大学课程。可惜当时战争爆发，未能到英国升学。

二十世纪四十年代初的上海，一辆涂有美丽牌香烟广告的双层巴士正在马路上行驶，旁有两架人力车，车夫出卖自己的体力，以劳役赚取金钱，接载客人往目的地。

1944 年 12 月出版的《语林》杂志，刊登了张爱玲在圣玛利亚女校读书时国文老师汪宏声的散文《记张爱玲》。张爱玲得悉此事，特意到印刷厂看杂志清样，还在汪的文中写了几行字。

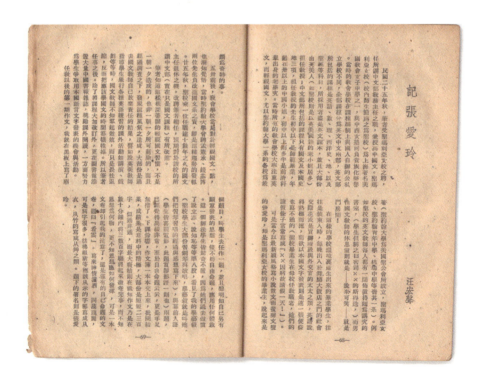

李志清作品

张爱玲的母亲黄逸梵在船上。

张爱玲与港大

我有如游子归家，因为香港与香港大学乃我知识之诞生地。

1923 年 2 月 20 日，孙中山在香港大学的公开演说

首间香港的大学

很多人认为何启是创办启德机场的两位功臣之一，但这是一个美丽的误会。何启与创建机场没有直接关系，他不是什么航空分子，也不是建筑技师，更不是捐赠人士；他是医生，又是律师，亦是孙中山的老师。不过香港大学的成立却与他有莫大的关系，他亦是最有贡献的人之一。1887 年，何启为纪念亡妻雅丽氏，与伦敦传道会合资于上环荷李活道兴建雅丽氏利济医院（Alice Memorial Hospital），成为香港首间为华人提供西医治疗的医院，并于医院内设立香港西医书院（Hong Kong College of Medicine），培养医科学生。同年，孙中山由广州博济医院转入该校习医，由何启亲自教授。五年后，孙中山以优异成绩毕业。

1907 年，时任香港总督的卢吉爵士提出兴办本地大学的主张，并呼吁中外商人捐助筹办大学的经费。三年后的 3 月 16 日，香港大学本部大楼的奠基仪式正式举行，何启以香港立法局议员及助捐董事会主席名义出席该典礼，对筹建香港大学贡献良多。

1912 年 3 月 11 日，香港大学正式启用，除医学和工程两个学院外，文学院亦随之创立。1916 年 12 月，大学举办了第一届大学生毕业典礼，仅有二十三名毕业生，其中有十二名获颁工学学士学位，从名单上可知，土木工程有七名，电机工程有三名，机械工程有两名。首位一级荣誉工学学士为傅秉常（Foo Ping sheung），他修读土木工程，后来成为何启第六个女儿何燕芳的夫婿，因而认识何启的姐夫、首位华人立法局非官守议员伍廷芳，后更担任伍廷芳和孙中山的秘书，成为港大的一段佳话。

1912 年 5 月 20 日，孙中山（前右）访港期间于港督府与护督施勋（前左）进行非官方会谈，并与施勋、定例局议员何启（后左一）及署理辅政司金文泰（后右一）等人合照。

1926 年香港大学工程学会（Engineering Society）学生合照。前排右二坐者为工程系的首位女学生曾廷谦。

1941 年 12 月 8 日，日本开始侵袭香港，香港大学诺斯科特科学大楼（Northcote Science Building）被征用作临时食物储藏库，并设立空袭看守岗位。该大楼现已被拆毁。

被看轻的文学院

港大文学院曾被视为香港大学其他学院半多余的非亲生兄弟（half-unwanted stepbrother），在外人眼中，文学院的学生不及医学院及工程学院的出色及有成就，仿佛不像港大孕育的亲生儿子。事实上，港大文学院培养了不少政经名人及文人雅士，张爱玲便是其中的佼佼者。

港大文学院成立之初，仅少数女性有机会入读。1951 年，港大文学院出版了一本名为 *Pandora* 的学生杂志（Pandora，中文译作潘多拉，是希腊神话中宙斯命令捏制的第一个女人），内容从女学生角度取材，讽刺校内以男学生为主导的文化，讲述功课繁忙及考试压力等。杂志内容吸引人，除了有少女情怀的文章外，还介绍一些和文学院有关的古怪故事。

VNIVERSITY?

香港大学邓志昂楼的前身是邓志昂中文学院，1931 年启用，为新古典主义的建筑风格。建筑物上写有学院的中英文名，其英文名竟写为 "VNIVERSITY OF HONG KONG"，而不是 "UNIVERSITY"！*Pandora* 杂志上写到，据说日占时期，日本人在该处吊死不少港人，而大学的首个英文字母 "U" 似死刑用的吊环，故 U 字不受欢迎，改用 V 字。另有说法指，牌坊和建筑物上所刻的是古老拼法，依照雕刻罗马石的惯例，一般大楷英文会以 V 代 U，推测是因为较 U 字底部弧线，V 字底部两条直线更容易凿刻。加上古典拉丁文字母中没有 V 字，后期才出现并被广泛使用。除了邓志昂楼，美国很多法院、博物馆及大学的建筑物上都会用 V 代 U。

约 1958 年，香港大学文学院学生在荷花池前拍摄毕业团体照。前排右四是专长史学、中国族谱学、客家学的罗香林老师，右五是专长国学的刘百闵老师，右七是港大中文系系主任林仰山教授。

香港之战

　　我与香港之间已经隔了相当的距离了——几千里路，两年，新的事，新的人。战时香港所见所闻，唯其因为它对于我有切身的、剧烈的影响，当时我是无从说起的。现在呢，定下心来了，至少提到的时候不至于语无伦次。然而香港之战予我的印象几乎完全限于一些不相干的事。

　　　　　　　　　　　　　　《烬余录》，张爱玲，1944 年

　　1939 年二战爆发，战况越来越激烈，打断了张爱玲赴英的计划。她转而去香港寻求升学机会，凭伦敦大学入学试的优异成绩向香港大学申请入学，最后获接纳。经姑姑介绍，李开第工程师当监护人，张爱玲顺利在 1939 年 8 月 29 日注册，入读文学院，选修中文及英文科。在学期间，她成绩优异，1941 年获得两项奖学金，可惜日军入侵，香港沦陷，她被迫于 1942 年 5 月大学停课时返回上海。在两年多的大学生涯里，张爱玲遇上残酷无情的战火，历经漫天火光及炮声隆隆，看到炮火围城下的生与死，这也缔结了她和香港的半生缘。

　　香港的陷落，除了成全张爱玲笔下《倾城之恋》的主角白流苏外，亦成全了她自己。香港大学为张爱玲奠下奋发的台阶，提供了滋养她创作的土壤。她念港大一年级时，曾代表香港投稿到上海《西风》杂志的三周年征文比赛，以一篇散文《天才梦》获得名誉奖第三名，这是她首次获奖的作品。

1940 年 1 月《西风》杂志第 41 期，内页印有《西风月刊三周纪念 现金百元悬赏征文启事》，详细定明投稿细节。其中第二项列明征文字数要求在 5000 字以内。不知道张爱玲是否犯了"我又忘了"这老毛病，至三十六年后的 1976 年，她在著作《张看》的附记里重提有关这次征文的不快往事。她连获奖名次（误会为第十三名名誉奖）及征文限定字数（误会为 1000 字）全都记错了！

1940 年 4 月号《西风》月刊第 44 期封面以粗体字型印有《三周年纪念征文揭晓》，内文指共收到 685 篇纪念征文，执笔者为社会各阶层、各行业人士及学生，邮寄地址包括国内外各地。

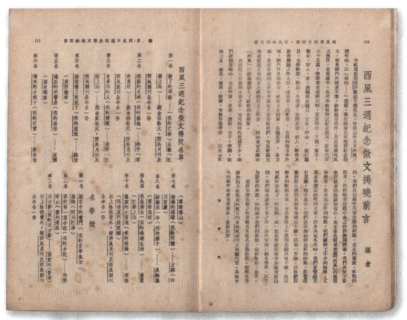

由于西风社收到了太多精彩文章，决定在中选的十名之外，再定出三个名誉奖，以引起读者的兴趣，同时减少他们的歉憾。根据"三周年纪念征文得奖名单"，张爱玲的《天才梦（我的天才梦）》荣获名誉奖第三名。名单中张爱玲是代表"香港"地区参赛的。

张爱玲返回上海后的两年里，陆续发表了她一生最重要及最巅峰的作品，包括《倾城之恋》《封锁》《红玫瑰与白玫瑰》《金锁记》《沉香屑——第一炉香》《沉香屑——第二炉香》等。当中有不少作品均提及香港，包括香港大学的校园和宿舍、浅水湾酒店、宝珊道、巴丙顿道、港岛半山等，侧写香港的风情，寄寓了她对香港的情感。

西风社将纪念《西风》杂志三周年的十三篇得奖征文结集成书，并选以张爱玲荣获名誉奖第三名的作品《天才梦》为书名。图为1949年2月《天才梦》征文选集第10版。

你的聰明而豐富的想像一定勝過我的拙筆多多，我怕後文的字數早已不容許我饒舌了。

我不知道我寫些甚麼與對你說這樣一個不愉快的故事，而且還這是我的第一篇小說。我虔誠地希望你讀後不要有一些感應才好，才別把這辛酸味影響了你的晚餐。你不用擔心其有如此的一個不速之客，你的頂好的朋友都不在此地，他們都飄散在天涯，有的追奔逐北，為國家效有效之地；有的胼胝手足，謀升斗之給。你臾不必擔心你的夫人，你們從愉竹馬時就在一起的，你熟悉地正如她熟悉你，你們之間沒有秘密。還不過是一篇徵文，一篇小說。

一個向壁虛擬的故事，一個豆棚瓜架下的安實罷了。

或者，你只走打了一個盹兒，你做了一個夢。

回來不是很疲倦嗎？你雖然舉起酒盞來想排遣你的寂寞。你辦公其竟你沒有有一點，你就睡覺了。雜誌已經掉在地上。也許這憂鬱的黃昏影響了你；也做了還個離奇怪誕的夢。也許這管影響他不期然潛近了過去許因為你近日接到幾封朋友的信，其中一封說及他的婚姻的美滿幸福，一封以憂愁的筆調訴說他不期然邁近了過去戀人。或者是你讀了幾篇古希臘的悲劇。雖然這最近于你的夢境。或者完一局棋，斧柯已爛，而你的香醪未熟，或者完一局棋，斧柯已爛，而你的香醪未熟。把西風檢起來罷，你總，總約天人在黃昏又憑窗候你去尋尋覓覓的黲淡呢。

天才夢（名譽獎第三名）

——我的天才夢——

張愛玲

我是一個古怪的女孩，從小被目為天才，除了發展我的天才外別無生存的目標。然而，當童年的狂想逐漸褪色的時候，我發現我除了天才的夢之外一無所有——所有的只是天才的乖僻缺點。世人原諒瓦格涅（Wagner）的疏狂，可是他們不會原諒我。

加上一點美國式的宣傳，也許我會被譽為神童。我三歲時能背誦唐詩。我還記得搖搖擺擺地立在一個滿清遺老的藤椅前朗吟「商女不知亡國恨，隔江猶唱後庭花」，一眼看著他的淚珠滾滾落下來。七歲時我寫了第一部小說，一個家庭悲劇。遇到筆劃複雜的字，我常常跑去問廚子怎樣寫。第二部小說是關於一個失戀自殺的女郎。她要自殺，她決不會從上海乘火車到西湖去自溺。可是我因為西湖詩意的背景，終於固執地保存了這一點。

我僅有的課外讀物是《西遊記》與少量的童話，但我的思想並不為它們所束縛，八歲那年，我嘗試過一篇類似烏托邦的小說，題名《快樂村》。快樂村人是一好戰的高原民族，蒙中國皇帝特許，免徵賦稅，並予自治。

1940年8月号《西风》月刊第48期中，张爱玲荣获征文竞赛奖第三名的《天才梦（我的天才梦）》原文首次刊出。

港大留踪

1996年6月30日出版的《香港笔荟》第8期中，有一篇文章《张爱玲的香港大学因缘》，是该期刊的社长黄康显所撰，当时他在香港大学执教。文章详细考证了张爱玲与港大的因缘。

张爱玲入读期间，港大校长名叫史罗斯（Duncan John Sloss），文学院的中文系教授是许地山，讲师是马鉴，教导翻译的老师是陈君葆，英文教授是詹信（R. K. M. Simpson），讲师为贝查（B. G. Birch），历史系副教授是佛朗士（N. H. France）。当时文学院内除了中文系以外，其他科目大多由外国人教授。1940年入学首年，她须选读英文、中国文学、翻译、历史及逻辑学；第二年则修读英文、历史、心理学、中国文学及翻译。

英文科除了写作训练外，名家作品选读、翻译文学亦是必修的。中文科包括文学史、文学批评、小说选读、散文、诗歌、戏剧等。张爱玲在这段学习时期，除受到名师许地山、陈君葆等的教导外，亦凭个人的努力、勤奋及坚毅，为日后的写作道路打下了稳固的基础。

获赠奖学金

根据港大资料，1941年6月4日注册主任给张爱玲发了两封函件，通知她获得两项奖学金，第一项为尼玛齐捐赠奖学金（Nemazee Donor Scholarship），第二项为何福奖学金（Ho Fook Scholarship）。何福奖学金是当时港大文学院的两项奖学金之一，一个名额是给第二年考试成绩最优秀的学生，另一个名额是给第三年的优异生，金额是 1500 英镑。由此可知，当时张爱玲在港大的成绩一定是同级中最优秀的。

第八期

一九九六年六月
港幣三十元正

香港筆薈

張愛玲在港大

張愛玲

《香满笔荟》第 8 期（1996 年 6 月），以《张爱玲在港大》作封面及专题人物介绍。

港大好友炎樱

　　张爱玲入住的港大女子宿舍名叫圣母堂（Our Lady's Hall），位于今天的宝珊道八号。圣母堂原本是教会的修道院，在 1939 年 8 月底开办，可容纳六十多名女生。当时港大共有六百多名学生，女生只占五分之一，约一百二十多名。当时港大学生中华侨子弟占相当比例，包括来自中国内地、印度、马来西亚、越南等地的学生，其中一位名叫炎樱（Fatima Mohideen）的混血儿，是张爱玲的挚友。炎樱姓摩希甸，名法提玛，父亲是阿拉伯裔锡兰人（锡兰即现今的斯里兰卡），母亲是天津人，在上海开摩希甸珠宝店。"炎樱"是张爱玲替她改的名。

　　张爱玲的文章多次提到炎樱，《炎樱语录》便是其中的例子。《语录》中记下了炎樱许多非常可爱又充满灵性的话语，像"每一个蝴蝶都是从前的一朵花的鬼魂，回来寻找它自己""月亮叫喊着，叫出生命的喜悦；一颗小星是它的羞涩的回声""不要紧，等他们仗打完了再去。撒哈拉沙漠大约不会给炸光了的。我很乐观"，等等。另外，张爱玲的《传奇》增订本的封面亦由炎樱设计，张爱玲其他著作中的部分插画和照片亦由炎樱创作、拍摄及着色。

张爱玲的挚友炎樱。1944 年 8 月 10 日出版的《小天地》创刊号收录了张爱玲写的《炎樱语录》。

炎櫻語錄　張愛玲

我的朋友炎樱說：

炎樱描寫一個女人的眉毛，「非常非常黑，那種黑是盲人的黑。」

× × ×

炎樱在報攤子上翻閱書報，統統翻遍之後，一本也沒買。報販諷刺地說：「謝謝你！」炎樱答道：「不要客氣。」

× × ×

有人說：「我本來打算周遊世界，尤其是想看看撒哈拉沙漠，偏偏現在打仗了。」炎樱說：「不要緊，等他們使打完了再去。撒哈拉沙漠大約不會給炸光了的。我很樂觀。」

× × ×

炎樱買東西，付賬的時候總要抹掉一些零頭

每一個翅蝶都是從前的一朵花的鬼魂，回來尋找它自己。

× × ×

炎樱個子生得小而豐滿，時時有發胖的危險。然而她從來不為這擔憂，很達觀地說：「附個滿懷較勝於不滿懷。」（這是我根據「軟玉溫香抱滿懷」勉强翻譯的。她原來的話是："Two armfuls is better than no armful."）

× × ×

關於加拿大的一胎五孩，炎樱說：「一加一等於二，但是在加拿大，一加一等於五。」

—8—

《烬余录》中的香港与人心

  围城的十八天里，谁都有那种清晨四点钟的难挨的感觉 —— 寒噤的黎明，什么都是模糊、瑟缩、靠不住的。回不了家，等回去了，也许家已经不存在了。房子可以毁掉，钱转眼可以成废纸，人可以死，自己更是朝不保暮。像唐诗上的"凄凄去亲爱，泛泛入烟雾"，可是那到底不像这里的无牵无挂的虚空与绝望。人们受不了这个，急于攀住一点踏实的东西，因而结婚了。

            《烬余录》，张爱玲，1944 年

  张爱玲的《烬余录》在 1944 年 2 月的《天地》杂志第 5 期上发表，文章名跟张烺于清康熙五十四年（1715 年）的《烬余录》同名。张烺的《烬余录》是按康熙的旨意撰写的，详尽记录了明末清初张献忠起义军在四川屠杀人民的历史。而张爱玲的《烬余录》把香港的战乱状况和战时的世俗活动放在同一个历史时空之中，更把日常生活的现实置于前，日占香港的历史放于后，错置的写法使这篇散文更显不平凡。

张爱玲在文中描写港大学生在战争开始时的反应："战争开始的时候，港大的学生大都乐得欢蹦乱跳，因为 12 月 8 日正是大考的第一天，平白地免考是千载难逢的盛事。"1941 年 12 月 8 日，日军进攻香港的第一天。一个炸弹掉在张爱玲和同学宿舍的隔壁，舍监不得不督促她们避下山去，最后"港大停止办公了"！之后张爱玲无家可归，便去当防空员，但她心里略有怀疑自己是否尽了防空员的责任，曾在文中自问"究竟防空员的责任是什么"。后来她更当上临时护士。正如她在文首所说的："战时香港所见所闻，唯其因为它对于我有切身的、剧烈的影响，当时我是无从说起的。"

战争爆发后，许多港大学生负责一些守城或后勤工作，学校本部变成临时救护站，男生宿舍梅堂（May Hall）变成所有外地学生住宿的地方。不久，校本部大楼被日军强力的炸弹破坏，香港大学大礼堂的屋顶也被炸毁，附近的救护中心被迫移往梅堂附近的两座房舍。战时港大有教员及学生殉难，包括两位医学生及文学院的历史系副教授佛朗士。

不久，校本部成为港大师生的集中营，港大校舍不只荒废，还被破坏，很多文件与记录不知所终了，包括张爱玲的资料。港大于 1948 年才完全复课，大部分学生需要转读他校，因此当张爱玲于 1952 年 9 月重回港大时，她应当再也遇不到自己战前的同学了。

1941 年，被日军炸毁的香港大学大礼堂，即今陆佑堂。

香港日占时期，以美国为首的盟军为打击日军将香港作为大东亚共荣圈补给输送站，香港的机场、油库、船坞及港口设施等日占基地受到盟军多次空袭。图为盟军于 1944 年 10 月 16 日偷袭占港的日军，美军第十一轰炸中队出动 B-25 轰炸机在港岛西区进行低空轰炸，海面上有一艘日本军舰被击中而冒烟燃烧。

上海南京路的四大百货公司之一的先施公司为上海老字号，由广东中山籍的澳洲侨胞马应彪于1917年10月建成开业。1937年8月23日，先施公司遭受一场空前浩劫，日军收到情报派出战机在先施公司上空投下重型炸弹，大楼的东南角及马路即时爆炸，行人死伤严重，满目疮痍。

日本投降后，英国海军舰队"不屈不挠号"于1945年8月29日升起英国国旗，驶进香港维多利亚港，以示英国重执管权。图上方可见日占时期港岛金马伦山上有为纪念日军而兴建的"忠灵塔"，1947年2月26日终被拆卸

1944 年 2 月，张爱玲在《天地》杂志第 5 期上发表散文《烬余录》，描写战时港大的状况以及学生对战争的反应。

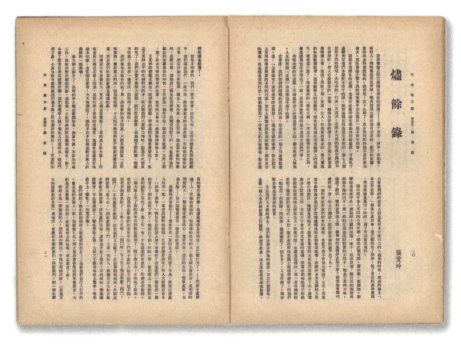

寻找冰淇淋

《烬余录》中提到从中国内地来的同学艾芙林，她说自己身经百战，担惊受怕惯了，但竟然是首个受不住战争带来的破坏、恐怖及伤亡的人。相反，张爱玲的挚友炎樱，却在恐怖中苦中寻乐、危中苟安，流弹打碎了浴室的玻璃窗，她仍"从容地泼水唱歌"。张爱玲更在梅堂看见男女同学的荒唐，战乱撮合了许多本来无意的男女，"可怜又可笑的男人或女人，多半就会爱上他们最初的发现"。

战火一停，"香港重新发现了'吃'的喜悦"。难道这是正常的喜悦么？恐怕这就是张爱玲文字的尖刻了。在危难中，她吸收了最好的文学营养。她记得香港陷落后，她和同学怎样满街地找寻冰淇淋："我们撞进每一家吃食店去问可有冰淇淋。只有一家答应说明天下午或许有，于是我们第二天步行十来里路去践约，吃到一盘昂贵的冰淇淋，里面吱咯吱咯全是冰屑子。"

冷眼看倾城之恋

张爱玲在 1943 年发表的小说里，有一半与香港有关：《沉香屑——第一炉香》《沉香屑——第二炉香》《茉莉香片》与《倾城之恋》。最末一篇《倾城之恋》，成为她中篇小说的巅峰之作之一。《倾城之恋》比《烬余录》早五个月写成，两者之间的联系非常明显，《倾城之恋》的后半部分跟《烬余录》中叙写的一样，都写日军侵占香港期间的境况。

看过《倾城之恋》的人都能在《烬余录》中找到范柳原和白流苏的影子。"有一对男女到我们办公室里来，向防空处长借汽车去领结婚证书。"文中提到这男子"在平日也许并不是一个'善眉善眼'的人"，然而他望着他的新娘子，眼里只有"近于悲哀的恋恋的神情"。张爱玲知道战争的空虚与绝望很容易让男女急于攀住一点踏实的东西，因而很多人都结婚了。但一旦战争结束，一切回复正常安稳以后，男的又会故态复萌，不安于室，明白在安稳的世界里不再需要踏实的婚姻。

张爱玲离港两年，在散文及小说中，她将见闻和感受娓娓道来，《烬余录》首段最末一句"香港之战予我的印象几乎完全限于一些不相干的事"，道出了她不受末世威胁的心态。看多了政权交替及瞬息京华的现象，她宁可依偎在庸俗的生活里，一个人过自己喜欢的生活。

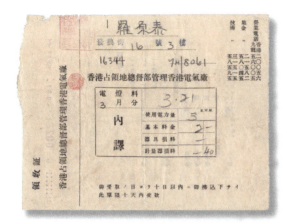

1944 年 4 月 28 日由香港占领地总督部管理香港电气厂发出的电费单，从总电费共 3.21 円计算，当时每度电为 27 钱，该电费需于发单 10 天内支付。

1944 年（昭和十九年），当时一间名为宏隆昌记的商户存现金入香港的横滨正金银行，共 22000 円。

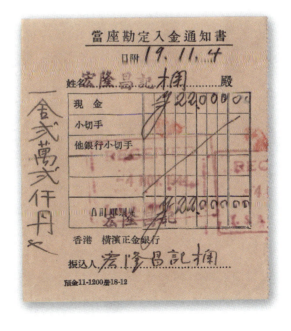

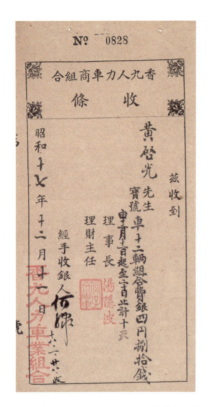

1942 年（昭和十七年），人力车商组合费用单（左）及西明治通（即皇后大道西）第 372 号地下的租单（右）。

倾城之恋

珍珠港那年的夏天，香港还是远东的里维拉，尤其因为法国的里维拉正在二次大战中。港大放暑假，我常到浅水湾饭店去看我母亲，她在上海跟几个牌友结伴同来香港小住，此后分头去新加坡、河内，有两个留在香港，就此同居了。香港陷落后，我每隔十天半月远道步行去看他们，打听有没有船到上海。他们俩本人予我的印象并不深。写《倾城之恋》的动机——至少大致是他们的故事——我想是因为他们是熟人之间受港战影响最大的。有些得意的句子，如火线上的浅水湾饭店大厅像地毯挂着扑打灰尘，"拍拍打打"，至今也还记得写到这里的快感与满足，虽然有许多情节已经早忘了。这些年了，还有人喜爱这篇小说，我实在感激。

《回顾〈倾城之恋〉》，张爱玲

1943年9月及10月，只有二十三岁的张爱玲在上海一份名叫《杂志》的文学月刊上两期连载她的中篇小说《倾城之恋》，顿时声誉鹊起，读者赞赏不绝，她很快便成为当时上海文坛最红的作家。

"倾城之恋"这四字很容易令人联想起"倾国倾城""一见倾心"或"倾世红颜"等词，到底张爱玲为何以"倾城之恋"作小说名？看过这发生于日占前后的中篇小说，很容易便能找到答案。"倾"为倾覆，"城"为城市，"恋"为恋爱，"倾城之恋"的意思是日占下的城市里发生的恋爱故事。其中城市不独指香港，还指上海，即双城恋爱。故事不单讲述范柳原及白流苏的相恋经过，还讲了范柳原与另一印度籍女子萨黑夷妮公主的纠葛。

有部分人称这小说还可命名为"战地鸳鸯""战场上的恋爱故事"，甚至"日占下香港的苦恋男女"，但大部分人认为以上名字都胜不过"倾城之恋"。在小说末章，写有张爱玲的所思所想，从字里行间可窥探她在青年时期对恋爱的看法及期望。

香港的陷落成全了她。但是在这不可理喻的世界里，谁知道什么是因，什么是果？谁知道呢？也许就因为要成全她，一个大都市倾覆了。传奇里倾城倾国的人大抵如此。处处都是传奇，可不见得有这么圆满的收场。

富有殖民地特色的浅水湾酒店建于二十世纪一十年代，是香港其有重要历史意义的酒店。浅水湾酒店曾招待不少名人，包括美国影星马龙·白兰度（Marlon Brando）、诺贝尔文学奖得主海明威（Ernest Hemingway）、爱尔兰文豪萧伯纳（George Bernard Shaw）、英国芭蕾舞蹈家玛戈特·芳婷（Margot Fonteyn）等。酒店也曾在《倾城之恋》《生死恋》《荣归》等电影中出现。香港日占时期，浅水湾酒店被日军用作医院及疗养中心，战后才恢复酒店业务。1982年，浅水湾酒店改建为影湾园，露台餐厅因曾出现在许鞍华的电影《倾城之恋》中而得以保留下来，并闻名于世。

1942年（昭和十七年），香港日占时期，日本画家山口蓬春画了一幅震撼的《香港岛最后之总攻击图》，现收藏于日本京都国立近代美术馆。上图以《香港岛最后之总攻击图》制成明信片，旁印有"陆军省许可济"字眼。

倾城之戀

上海為了「節省天光」，將所有的時鐘都撥快了一小時，然而白公館裏說：「我們用的是老鐘。」他們的十點鐘是人家的十一點。他們唱歌唱走了板，跟不上生命的胡琴。

胡琴咿咿呀呀拉着，在萬盞燈的夜晚，拉過來又拉過去，說不盡的蒼涼的故事——不問也罷！……胡琴上的故事是應當由光艷的伶人來搬演的，長長的兩片紅胭脂夾住瓊瑤鼻，唱了，笑了，柚子擱住了嘴……然而這裏只有白四爺單身坐在黑沉沉的破洋台上，拉着胡琴。

正拉着，樓底下門鈴響了。這在白公館是一件稀罕事。按照從前的規矩，晚上絕對不作興出去拜客。晚上來了客，或是平空裏接到一個電報，那除非是天字第一號的緊急大事，多半是死了人。

四爺凝神聽着，果然三爺三奶奶四奶奶一路嚷上樓來，急切間不知他們說些什麼。洋台後面的堂屋裏，坐着六小姐，七小姐，八小姐，和三房四房的孩子們，這時都有些皇皇然。四爺在洋台上，暗處看亮處，分外眼明，只見門一開，三爺穿着汗衫短褲，揸開兩腿站在門檻上，背過手去，拍啦拍啦撲打股際的蚊子，遲遲的向四爺叫道：「老四你猜怎麼着？六妹離掉的那一位，說是得了肺炎，死了！」四爺放下胡琴往房裏走，問道：「是誰來給的信？」

〔48〕

《倾城之恋》于1943年9月开始在《杂志》上连载，后收录于1944年出版的小说集《传奇》。图为《传奇》中《倾城之恋》的首页。

不同年代及不同出版社出版
的《倾城之恋》，其中左上为
1959年10月台湾艺升出版社
出版的《倾城之恋》。

倾城之恋   095

经典语录

小说中男女主角的对答及情话吸引了很多读者，至今仍是名言佳句。

❀ 如果你认识从前的我，那么你就会原谅现在的我。

❀ 有些傻话，不但要背着人说，还得背着自己。让自己听见了也怪难为情的。譬如说，我爱你，我一辈子都爱你。

❀ 柳原道："有的人善于说话，有的人善于笑，有的人善于管家，你是善于低头的。"流苏道："我什么都不会，我是顶无用的人。"柳原笑道："无用的女人是最厉害的女人。"

❀ 范柳原在细雨迷蒙的码头上迎接她。他说她的绿色玻璃雨衣像一只瓶，又注了一句："药瓶。"她以为他在那里讽嘲她的孱弱，然而他又附耳加了一句："你就是医我的药。"她红了脸，白了他一眼。

首次改编为话剧

乘着读者这股对《倾城之恋》的热爱之风，张爱玲尝试将小说改编成话剧。张爱玲与时称上海话剧界的四大导演之一的朱端钧携手合作，打造了四幕八场的话剧《倾城之恋》，1944 年 12 月 16 日在上海新光大戏院首次隆重献演。谁也预料不到《倾城之恋》竟能连演 80 场，且场场座无虚席，可以用盛况空前及轰动一时来形容！

张爱玲撰写了两篇小文《罗兰观感》及《关于〈倾城之恋〉的老

实话》作演前宣传。公演前两天，上海《力报》亦刊登了一首署名为
"嚜圆"的读者所写的表达期待话剧公演之情的七言绝句：

座中万掌作雷鸣，
曲绘心头欲沸情。
烽火香江鸥梦破，
果然此恋足倾城！

《倾城之恋》为张首次任编剧的作品，也是她获得最多掌声及赞赏
的一次尝试。可惜，《倾城之恋》的剧本手稿至今未现，若有天出现
在拍卖场上，拍卖成交价必定创出张爱玲手稿的历史高价！

首次改编为电影

张爱玲的很多小说并不是为了拍电影而写的，却有多部被改编成
电影，包括《倾城之恋》《半生缘》《红玫瑰与白玫瑰》《色，戒》及
《怨女》。她的小说除包含生动的人物、精彩的对白、传奇的故事外，
还有其独特的表现方式，犹如电影情景一样。著名导演许鞍华也对"张
爱玲的文采和她善于铺陈细节、营造气氛的技巧"着迷，并以改编她
的小说为目标。不过，改编是需要勇气的，尤其当张爱玲的小说已获
得高度评价，导演需要用另一种表现方式来转化原著，以超越文字的
抽象灵动，这实在不容易。何况她的文学风格是以"华丽与苍凉"著
称的！

《倾城之恋》是张爱玲第一部被改编为电影的作品。电影的选角、取景、对白、服装、拍摄手法等都足见导演许鞍华的用心，受到不少赞赏。但也有影评家认为许鞍华在此电影中表现得过于循规蹈矩，无法展现张爱玲笔下人物的复杂个性及内心的苍凉感。

电影《倾城之恋》特刊。封面及封底皆为女主演缪骞人。

香港导演许鞍华执导的电影《倾城之恋》于1984年8月上映，电影改编自张爱玲的同名小说，由邵氏兄弟发行，主演有周润发和缪骞人。《倾城之恋》获第四届香港电影金像奖"最佳电影配乐"及第二十五届台湾金马奖"最佳服装设计"两大奖项。

《倾城之恋》电影剧照。

饰演男主角范柳原的是香港著名男演员周润发，他曾三次获得香港电影金像奖最佳男主角，以及两次台湾电影金马奖最佳男主角。从英国留学归来的范柳原，风流倜傥、浪漫不羁，钟情于缪骞人饰演的白流苏。最后，香港的沦陷促成了男女主角成婚，婚后两人过着暂且平淡的生活。图为剧照，右下有他的签名。

1984 年电影公映前夕，张爱玲特地从美国寄了一篇《回顾〈倾城之恋〉》的短文给宋淇夫妇。她在文中回想当年在港生活的片段以及写小说《倾城之恋》的动机，并对读者喜爱这篇小说表示感激。该文刊登在同年 8 月 3 日的《明报》上。

淡红的披霞

张爱玲因欧战未能到伦敦大学升学，转而入读香港大学，虽未能赴英，但总算走出了上海的家庭阴影，走出了家族那不光彩的生活，走出了中学的不愉快时光，独自到陌生的香港去寻找自由的生活。张爱玲之所以能符合香港大学的入学要求，全赖姑姑张茂渊的帮忙，姑姑找到当时在港工作的工程师李开第，他愿意当张爱玲的本地监护人。李开第于 1898 年生于上海，年轻时前往英国留学，因而结识张茂渊，回港后在怡和洋行香港分行工作，以四方的工程知识服务社会。张爱玲在港大求学期间受到李开第父亲般的关怀及照顾，仿佛弥补了她自小失去父爱的遗憾。

张爱玲曾撰文写姑姑张茂渊有一块淡红色的披霞，被视为珍藏之物，甚至比任何珠宝钻石还珍贵。张爱玲移居美国后，忽然收到当年她在港人时的监护人李开第的来信，提及姑姑将成为他的继室，并问及她的意见。张爱玲最后才恍然大悟：姑姑一直收藏的披霞，原来是与李开第初结识时收到的礼物。六十年来，姑姑一直好好保存着那块披霞，珍而重之，亦可算是她苦恋李开第的见证。

情为何物?

张爱玲曾经说过:"爱情可以填满人生的遗憾。然而,制造更多遗憾的,却偏偏是爱情。"有了"爱情",伴侣是否就能相亲相爱,携手终老?是否会相忘相弃,各自婚娶?抑或会难忘沧海,一生等待?为了爱情,你愿意等多久?愿意不问月圆月缺,愿意不理会花开花落,一生只守候着那份赤诚之心吗?

姑姑张茂渊是晚清重臣李鸿章的外孙女,其父张佩纶官至都察院左副都御史。她清雅高贵,独立率直,虽生长在一个显赫家族,却怀着一颗善良之心。1925年,刚满二十四岁的张茂渊便在张爱玲母亲黄逸梵的陪同下,一同前往英国留学。

李开第是上海人,父亲李衡斋是清末秀才。李开第五岁进私塾,八岁进务敏小学,十二岁考入交通部辖下的上海工业专科附属学校(交通大学前身)。1924年,他以优秀的成绩从上海交通大学电机专业毕业,并获资助赴英国留学。翌年,他搭乘法国轮船前往英国曼彻斯特。

一见钟情

1945年5月10日,上海《杂志》刊登了张爱玲的散文《姑姑语录》,当中有以下叙述:

她手里卖掉过许多珠宝,只有一块淡红的披霞,还留到现在,因为欠好的缘故。战前拿去估价,店里出十块钱,她没有卖。每隔些时,她总把它拿出来看看，这里比比，那里比比，总想把它派点用场，结果又还是收了起来……姑姑叹了口气，说："看着这块披霞，使人觉得生命没有意义。"

当时张爱玲完全不明白姑姑为何那么爱惜这块披霞，并对它不时叹气。被张爱玲称为"K.D."的李开第，究竟在何时何地及如何认识张茂渊的？坊间流传数个版本，文献上亦没有特别记录，只能靠后人模模糊糊的回忆传述。普遍说他们是在1925年同乘轮船前往英国期间在甲板上邂逅的，亦有人说他们从英国学成返回上海后才相识，也有部分记载他们于英国曼彻斯特经友人介绍认识。

虽然以上三个版本提及的时间及地点都不同，但有一点皆是相同的，就是形容他们初相识时的那种感觉，那便是一见钟情！像《红楼梦》中贾宝玉初遇林黛玉时，那种仿如激波荡漾般的触电感觉，亦像《白蛇传》里，许仙在断桥上初见白娘子时的倾心。

有缘有分

李开第看到张茂渊的迷人眼眸及善良面容，心仪不已。没有什么能阻止这激情的萌发！没有什么能停止这爱意的滋长！

但往往事与愿违。张茂渊不是一个普通女孩，她的外祖父李鸿章亲手签订了被世人指为"丧权辱国"的《马关条约》。其父张佩纶更在马江海战（即马尾海战）中弃船狼狈逃窜，被视为一介懦夫。其兄又是浪荡公子。纵使这都和张茂渊没关系，但在李开第双亲的反对下，他们只能说是有缘无分。双栖双宿、形影不离这个梦，只能留待缘分再来的时候才能实现。

后来，姑姑张茂渊足足等了半个世纪，在七十八岁时嫁给梦中情人李开第。他们当年在茫茫人海中相识，在有生之年终结为夫妇。

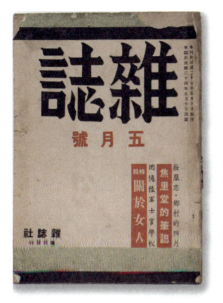

1945 年 5 月 10 日，上海杂志社出版《杂志》5 月号，除有特辑《关于女人》外，还刊登了张爱玲的散文《姑姑语录》。

《姑姑语录》首页。

《紫罗兰》的沉香屑

　　1941 年 12 月 8 日，日军在偷袭珍珠港的同一天进攻香港，即使香港守军顽强抵御，但日军的精锐部队及先进武器还是令香港守军在十八天的战事中节节败退。在缺弹缺粮及伤兵重重的情况下，为减少无谓伤亡，时任港督杨慕琦（Sir Mark Young）终在 12 月 25 日圣诞节当天，向日本宣布无条件投降，至此，香港正式沦陷，进入三年零八个月的黑暗岁月。

　　香港大学的重要建筑物包括大礼堂（今陆佑堂）在战火下被严重毁坏，部分教室倒塌，有些校舍更被日方占用，大部分师生被迫撤离校园。当时仍是学生的张爱玲在香港经历了这场无情的战火，她将之形容为"港大停止办公了"，于是只好被迫停学逃离香港，于 1942 年 5 月返回家乡上海。

　　张爱玲回到上海后，入读由美国圣公会创办的享有盛誉的圣约翰大学，但不得不兼职以应付昂贵的学费。在半工半读的情况下，因力所不及而入不敷出，她最后决定辍学转而投身写作，以卖文为生，唯望早日成名，出人头地。

卖文为生

　　1943年3月，不足二十三岁的张爱玲，带着一份由园艺家黄岳渊撰写的推荐信和自己的两篇中篇小说《沉香屑——第一炉香》和《沉香屑——第二炉香》，来到上海愚园路608弄94号，小心翼翼地叩响了"紫兰小筑"的大门，屋内住着《紫罗兰》半月刊的主编周瘦鹃。

　　周瘦鹃为鸳鸯蝴蝶派作家、文学翻译家、编辑，亦醉心于园艺工作，开辟了苏州有名的"周家花园"。1916年至1949年，他在上海历任中华书局、《申报》、《新闻报》等的编辑和撰稿人，其间也主编《半月》《紫罗兰》《乐观月刊》《礼拜六》等报刊。往后周瘦鹃回忆起张爱玲登门到访的情景，写道：

　　一个春寒料峭的上午，我正懒洋洋地待在紫罗兰庵里，不想出门，眼望着案头宣德炉中烧着的一枝紫罗兰香袅起的一缕青烟出神。我的小女儿瑛忽然急匆匆地赶上楼来，拿一个挺大的信封递给我，说有一位张女士来访问。我拆开信一瞧，原来是黄园主人岳渊老人介绍的女作家张爱玲女士，要和我谈谈小说的事。我忙不迭地赶下楼去，却见客座中站起一位穿着鹅黄缎半臂的长身玉立的小姐来向我鞠躬，我答过了礼，招呼她坐下。接谈之后，才知道这位张女士生在北平，长在上海，前年在香港大学读书……

《半月》半月刊于 1921 年 9 月创刊，1925 年 12 月更名为《紫罗兰》，前后共刊有 4 卷 96 期。此杂志曾在上海风行一时，深受读者欢迎。图为《半月》第 4 卷第 24 号，为临别纪念号，富有收藏价值。

图为 1930 年 2 月 1 日出版的《紫罗兰》第 4 卷第 15 号，主编为鸳鸯蝴蝶派作家周瘦鹃，由大东书局出版。《紫罗兰》于 1925 年 12 月问世，至 1930 年 6 月第 96 期停刊，1943 年 4 月复刊，至 1945 年 3 月终刊。《紫罗兰》早期为 20 开本，呈正方形，被称作"中国第一本正方形杂志"，它的封面设计追求时髦，画有美女图案，版式注重美观，正文多附精彩图画。

周瘦鹃与张爱玲两人谈了一个多小时，分别时周告诉张需要一些时间看稿，请她一周后再来听回音。一周后，张爱玲一早就来到周家，周瘦鹃指着两篇小说稿，称赞不绝，问道："我主编的《紫罗兰》即将复刊，你是否愿意将这两篇小说发表在这本杂志上？"她满怀欢喜，一口答应了。

受欢迎的"特殊情调"

一个月后，周瘦鹃主编的《紫罗兰》杂志复刊了，张爱玲的《沉香屑——第一炉香》即作为5月的第2期全文发表，卷首还有周瘦鹃的《写在〈紫罗兰〉前头》一文，文章对这篇小说赞誉有加，还被后人称为"国内第一篇盛赞张爱玲作品的评论文章"。该文写道："请读者共同来欣赏张女士一种特殊情调的作品，而对于当年香港所谓高等华人那种骄奢淫逸的生活，也可得到一个深刻的印象……"

张爱玲具有"特殊情调"的《沉香屑——第一炉香》很快受到读者的热烈欢迎，周瘦鹃成为她的伯乐，他乘势将她另一篇篇幅较长的《沉香屑——第二炉香》分三个月推出，这两炉香烧了差不多整整四个月。张爱玲这位名不见经传的青年女作家，当时便以这两篇小说在上海声名鹊起，火速蹿红。

1943年6月10日，周瘦鹃在《紫罗兰》第5期《写在〈紫罗兰〉前头》中写道："张爱玲女士的《沉香屑》第一炉香已烧完了，得到了读者很多的好评。本期又烧上了第二炉香，写香港一位英国籍的大学教授，因娶了一个不解性教育的年轻妻子而导致的悲哀故事，叙述与描写的技巧仍保持她的独特的风格。张女士因为要出单行本，本来要求我一期登完的；可是篇幅实在太长了，不能如命，抱歉得很！但这第二炉香烧完之后，可没有第三炉香了；我真有些舍不得一次烧完它，何妨留一半儿下来，让那沉香屑慢慢地化为灰烬，让大家慢慢地多领略些幽香呢。"

张爱玲在《紫罗兰》杂志发表小说后一鸣惊人，上海其他具影响力的杂志包括《万象》《杂志》《天地》《小天地》《大家》《新中国报》《苦竹》《古今》《新东方》等都陆续刊登她的作品，当时大众认为张是鸳鸯蝴蝶派作家之一。1950 年 3 月 25 日起，张爱玲以"梁京"为笔名在《亦报》连载她的首部长篇小说《十八春》，于 1951 年 2 月 11 日完结，后来张移居美国，改写此小说并改名为《半生缘》。1951 年 11 月 4 日起，她再以"梁京"之名在《亦报》连载另一中篇小说《小艾》，直至 1952 年 1 月 24 日完结，迷倒了不少读者。1943 年至 1952 年那近十年时间，张爱玲攀上了文学巅峰，创造了文坛的一个奇迹！

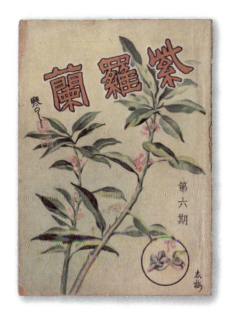

1943 年 5 月，张爱玲的小说《沉香屑——第一炉香》于《紫罗兰》半月刊上首次发表，一鸣惊人。《沉香屑——第二炉香》接续在 8 月发表完，张爱玲很快在上海声名鹊起，获得甚多读者的好评。

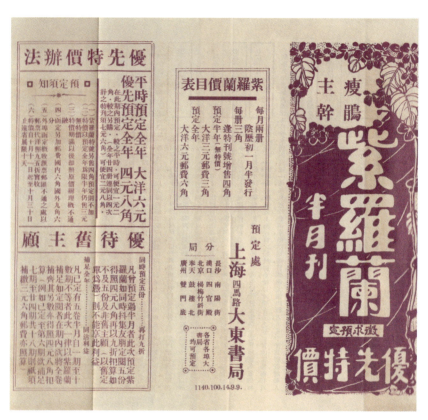

《紫罗兰》半月刊的拉页上印有价目表，列明每月两册，每册三角。

皇冠出版社于 1999 年出版《第一炉香——张爱玲短篇小说集之二》，封面题字为楼柏安，封面设计为吴慧雯。

1943 年上海街头的报纸杂志档，除有《飞报》《真报》《诚报》《光报》《力报》等报章外，还有众多不同种类的杂志期刊，包括《西风》《大家》《幸福世界》《少女》《西点》《日与潮》《旅行杂志》《文艺复兴》《文潮月刊》等。从以上各式各样的报纸杂志可看出，沦陷时期的上海还持有一定的精神食粮。

青春

嬉笑、喧鬧、認真、

苦惱的，

在著的時候

不覺得，

覺得的時候，

只覺得

它漸々流走⋯

聽話

114

嘉宾

烈女

省钱

她也会摆太太架子

你想合算不合算?

李志清作品

爱，没有早一步

于千万人之中遇见你所要遇见的人，于千万年之中，时间的无涯的荒野里，没有早一步，也没有晚一步，刚巧赶上了，那也没有别的话可说，惟有轻轻的问一声："噢，你也在这里吗？"

《爱》，张爱玲

以上佳句出自张爱玲一篇题为《爱》的短文，刊于1944年的《杂志》上。该小品虽名为"爱"，但实为对缘分的诠释。她深信缘比爱还重要，若能在千万人之中碰到有缘人，她愿意把自己低到尘埃里，与他开出花来。张爱玲写过许多小说及散文，对于男人与女人之间的种种情感牵连与博弈，她有着惊人的洞察力，虽届花信之年，但仿佛早已历经人生各种窘境，尝尽甜酸苦辣。她不是一个充满浪漫梦想的女子，对恋爱、婚姻似乎没有太多期望，她的择偶标准也相当平实。

她曾在与苏青的对谈访问《关于妇女、家庭、婚姻诸问题》中提及："……用丈夫的钱，如果爱他的话，那却是一种快乐，愿意想自己是吃他的饭，穿他的衣服。那是女人的传统权利，即使女人现在有了

116

小品特輯

愛

張愛玲

這是真的。

有個村莊裏的小康之家的女孩子，生得美，有許多人來做媒，但都沒有說成。那年她不過十五六歲罷，是春天的晚上，她立在後門口，手扶着桃樹。她記得她穿的是一件月白的衫子。對門住的年青人，同她見過面，可是從來沒有打過招呼的，他走了過來，離得不遠，站定了，輕輕的說了一聲：「噢，你也在這裏嗎？」她沒有說什麼，他也沒有再說什麼，站了一會，各自走開了。就這樣就完了。

後來這女人被親眷拐了，賣到他鄉外縣去作妾，又幾次三番地被轉賣，經過無數的驚險的風波，老了的時候她還記得從前那一回事，常常說起，在那春天的晚上，在後門口的桃樹下，那年青人。

於千萬人之中遇見你所要遇見的人，於千萬年之中，時間的無涯的荒野裏，沒有早一步，也沒有晚一步，剛巧趕上了，那也沒有別的話可說，惟有輕輕的問一聲：「噢，你也在這裏嗎？」

張愛玲的短文《愛》，1944 年 4 月 10 日刊于上海《杂志》。

职业，还是舍不得放弃的。"记者问到从女人的角度，对丈夫的标准是怎样的，她说："……我一直想着，男子的年龄应当大十岁或十岁以上，我总觉得女人应当天真一点，男人应当有经验一点。"

张爱玲的小说里有恋爱、哭泣、喜乐、悲欢、美丑……这些故事是否都曾经发生在她真实的人生里？谁能想到，她写的一篇小说竟令一个男人走进她的生活和心窝里，影响了她的一生。

《天地》生缘

若没有《天地》，便没有《封锁》；若没有《封锁》，便不会有张胡的相识。这段爱情因《封锁》而生，也因封锁而死！张爱玲与首任丈夫胡兰成相识、结婚至分手的故事，令很多张迷至今都不得其解，大部分人替她感到不值，为何她要为一个多情薄幸、卖国求荣的男子"封锁"自己，还赔上终身幸福，最后只以伤痛分手收场？

1943 年 11 月，一篇 8000 字不到的短篇小说《封锁》刊登在由冯和议（即苏青）主编的《天地》文学杂志第 2 期上。《封锁》不仅准确捕捉到了男女动情瞬间的爱情火花，还深深触动了读者的内心。这小说有一股迷人的魅力，受到广大读者的欢迎和热爱。

《封锁》的故事发生在战时的上海，男女主角乘坐的电车因突然的封锁而停驶。这对陌生人在短时间里的互动展现了从调情至萌生真实感情的过程。但封锁一解除，欲望瞬间结束，一切回复本来的秩序。与张爱玲的其他小说比较，《封锁》深刻反映出都市男女的复杂心理，展示了现代人压抑的生活状态。小说一开始，她以重复的字句来表达主角生活的反反复复，以作故事的导向，感染读者，手法高明：

　　开电车的人开电车。在大太阳底下，电车轨道像两条光莹莹的，从水里钻出来的曲蟮，抽长了，又缩短了；抽长了，又缩短了，就这么样往前移——柔滑的，老长老长的曲蟮，没有完，没有完……开电车的人眼睛盯住了这两条蠕蠕的车轨，然而他不发疯。

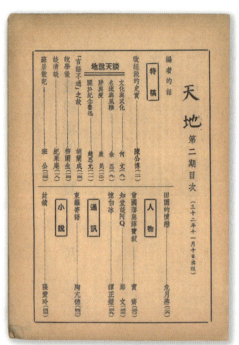

1943 年 11 月，《天地》第 2 期目录。该期刊有张爱玲的短篇小说《封锁》，还有胡兰成的特稿《"言语不通"之故》。

《封锁》原文。

苏青主编的《天地》杂志于 1943 年 10 月 10 日创刊，封面由谭惟翰设计，中央位置画有一尊菩萨梵天（Brahma）像，梵天是婆罗门教与印度教的三大主神之一，称为创世之神，创造了天和地，画像与杂志名呼应。

1944 年 5 月 10 日发行的上海《杂志》上，刊有张爱玲（下）、苏青（右上）及汪丽玲（左上）三位作家的稀有玉照。该期还刊有张爱玲的著名小说《红玫瑰与白玫瑰》及胡兰成的《评张爱玲》。

胜过韦小宝

　　金庸最后一部小说《鹿鼎记》中的男主角韦小宝，虽然目不识丁、功夫差劲，但他机智过人、重情重义，不但结交了不少英雄豪杰，更娶得七个女子，她们分别为沐剑屏、方怡、双儿、苏荃、建宁公主、曾柔及阿珂。

　　小说中的韦小宝对七位夫人爱护有加，彼此尊重，可谓尽享齐人之福，羡煞旁人。现实中有一人名叫胡兰成，他不只学识、家底、身型胜过韦小宝，"娶妻"的数目更胜韦一筹！若论尊重女性及承担夫职，胡兰成则被后世人称为"一代贱男""渣男"等，可见他与韦小宝相差十万八千里。

情事复杂

　　胡兰成原名胡积蕊，小名蕊生，生于1906年，浙江省嵊县（今嵊州）人。父亲胡秀铭以务农为业，兼做茶叶生意，共有七个儿子，胡兰成排行第六。他早年于私塾学习，后在燕京大学短期旁听，自学成才。三十岁前他主要靠教书谋生，是个胸怀抱负的才子，不仅舞文弄墨，还对当时的政局发表高见，常欲以文才进入仕途。1936年，他在《柳州日报》发表了一篇政论，引起当时政府的注意，更被监禁超过一个月。他却因此事得到汪精卫的注意及赏识，成为汪派卖国集团中的主要笔杆子之一，号称汪氏的"文胆"。抗日战争时期，他曾在汪精卫政权下任职。

胡兰成除了是张爱玲的第一任丈夫外，还与另外七个女子结婚、同居或有染，分别为结发妻子唐玉凤、中学教师全慧文、上海舞女应英娣、医院护士周训德、患难之交范秀美、有夫日妇一枝，以及上海魔女佘爱珍。

从二十岁至五十多岁，胡兰成一直玩世不恭，客居日本后仍故技重施，最终与佘爱珍结婚，至1981年殁。他无视女性尊严，严重地伤害了她们的心灵，广被世人辱骂！但故事中的女主角张爱玲，为何原意下嫁给他？

先见文章后见人

因跟汪精卫逐渐产生分歧，胡兰成很快就被免去职务。1943年底，他躺在南京院子里的藤椅上晒太阳，翻起11月10日的《天地》第2期，杂志内刊有他投稿的文章《"言语不通"之故》，以响应主编苏青在《天地》创刊号的《论言语不通》。

该文提到他认为自己一生常吃亏的事情，就是因为喜欢询问与批注，他举例：

还在中学读书的时候，有一次和教务主任顶撞起来，他说："给我滚出去！"我不该问了一声："我又不是皮球，怎么叫做'滚'呢？"于是被开除了。这不过是以后无数次倒霉的起点。

胡兰成翻到杂志的最后数页，看到一篇署名为张爱玲的短篇小说《封锁》，他对故事甚感兴趣，身体不觉坐直起来，细细地把小说读了一遍又一遍。胡兰成意犹未尽，读其文欲见其人，竟立即去信苏青打探张爱玲的背景及住址，希望认识她。

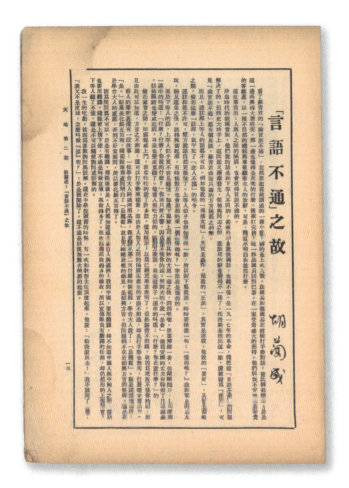

1943 年 11 月 10 日出版的《天地》第 2 期刊有胡兰成写的《"言语不通"之故》，标题下可见他的签名。

常德公寓

苏青向胡兰成表示，张爱玲是不会见人的，但她顾虑胡的身份，便给了他张爱玲的住址。地址是上海静安寺路赫德路（今常德路）195号公寓6楼65室。该地今天称常德公寓，原名爱丁顿公寓，又名爱林登公寓，始建于1933年，楼高8层，为装饰艺术派风格，出资建造者为意大利籍律师兼房地产商人拉乌尔·斐斯。

张爱玲曾写过："公寓是最合理想的逃世的地方。厌倦了大都会的人们往往记挂着和平幽静的乡村，心心念念盼望着有一天能够告老归田、养蜂种菜，享点清福。殊不知在乡下多买了半斤腊肉便引起许多闲言闲语，而在公寓房子的最上层你就是站在窗前换衣服也不妨事！"

喜欢听市声

在香港山上，只有在冬季里，北风彻夜吹着常青树，还有一点电车的韵味。长年住在闹市里的人大约非得出了城之后才知道他离不了一些什么。城里人的思想，背景是条纹布的幔子，淡淡的白条子便是行驶着

的电车 —— 平行的，匀净的，声响的河流，汩汩流入下意识里去。

以上句子出自张爱玲的著名散文《公寓生活记趣》，写这文章时，她从香港返回上海才一年多，香港及电车便成了她的回忆！1939年，张爱玲与母亲、姑姑搬入赫德路常德公寓5楼51室，同年8月，张离开公寓，前往香港大学攻读中国文学，后于1942年离开沦陷的香港，返回上海常德公寓，转至6楼65室继续居住。

张爱玲在常德公寓完成了《倾城之恋》《封锁》《金锁记》《心经》《花凋》《红玫瑰与白玫瑰》《沉香屑 —— 第一炉香》《沉香屑 —— 第二炉香》等，写出了她人生中大部分精彩及重要的作品。1943年，只有二十三岁的张爱玲声名大噪，在战争尚未结束的"孤岛"时期，很快便红遍上海，达到写作事业的高峰。

她小说里的爱情故事脍炙人口，为人津津乐道，自己的爱情故事也一直被人议论。张爱玲在常德公寓成名、恋爱、结婚，亦在这里离婚。

胡兰成取得张爱玲的地址后，第二天便兴致勃勃地坐车到常德公寓去拜访她，没想到吃了闭门羹，只好在字条上写了自己的姓名及联络电话，塞进门洞。

1943 年 12 月 10 日的《天地》杂志
第 3 期，刊出张爱玲的散文《公寓
生活记趣》。

1944 年 1 月 10 日，《天
地》杂志第 4 期封面内页
中央位置，印有张爱玲的
玉照。

张爱玲住在常德公寓期间，创作了小说《心经》，插图亦由她一手包办，刊登在《万象》第3年第3期9月号上。

笔者于张爱玲旧居常德公寓大门前留影。张爱玲曾在此生活六年多。

登门拜访

居住在上海市赫德路常德公寓的张爱玲，看到不认识但略有耳闻的胡兰成留下的便条，顿时感到诧异。她自觉只是一个年轻女作家，如何竟令一名曾效力于汪精卫的男子登门拜访？张便猜估他是不是自己的读者。

根据胡兰成于1958年出版的《今生今世》（上）中《民国女子——张爱玲记》一篇的描述，他留下字条的翌日，张爱玲来了电话，说亲自来他家看他！胡兰成家在上海市大西路美丽园，与她家相隔不远。他第一眼在客厅看到张爱玲时，感觉她与自己所想的完全不一样。她远看像一名女学生的模样，但没有学生的天真；再看却像战时的落难文人，但没有作家的举止；三看又像一个十七八岁的女孩，但身体与衣裳彼此叛逆。虽然如此，两人海阔天空无拘无束地畅聊起来，两颗心也在恍然间渐渐靠近，从最初的猜估至投契，两人不知不觉倾谈了五个小时。

文才与风流

　　胡兰成被称为才子作家，除会描写湖光山色外，还擅写风情民俗、世态人情和情爱故事，文风独具一格，甚得读者欢迎。一代文学名家余光中曾撰文《山河岁月话渔樵》，痛骂胡兰成的著作《山河岁月》中《渔樵闲话》一章，但亦曾称赞："文笔轻灵圆润，用字遣词别具韵味，形容词下得尤为脱俗。胡兰成于中国文字，锻炼极见功夫，句法开阖吞吐，转折回旋，都轻松自如，游刃有余，一点不费气力。"

　　胡兰成知识的广博缘于年幼好奇，加上后天努力及对新知识的渴求。1906 年，胡兰成生于浙江省绍兴府嵊县，但他的先祖并非嵊县本地人。先祖本以贩牛为生，一次不慎失火，将邻近村民的稻田全部烧光，只得以牛作赔，后转为租田种稻。胡兰成自小便接触《诗》《书》《易》《春秋》，其中熟读最深的是《诗经》，为他日后写诗撰文打下了稳固的基础。他自幼爱读、爱听、爱说，特别是先祖常说的故事，不时拿来与人分享。听者不自觉会爱上他的文采及口才，尤其是女性听众，多半会对他投降信服，甚至千依百顺。

你的身材这样高

　　胡兰成也曾觉得，"世上但凡有一句话，一件事，是关于张爱玲的，便皆成好"。他与张首次见面，便向她善意批评当时流行的作品，说她的文章好在哪里，并讲讲他在南京的点点滴滴，甚至直接问她每月写稿的收入。她也毫不回避，很老实地回答。在五个小时的谈话中，胡兰成巧舌如簧，他的花言巧语兼一些逗人发笑的话语似乎把张爱玲说昏了。她仿佛变成一只乖乖的绵羊，又是一个忠实的聆听者，细听他的一言一语。

胡兰成送她回家时，两人并肩而走，他说："你的身材这样高，这怎么可以？"当时张爱玲很诧异，几乎要起反感了。

胡兰成的著作《今生今世》中《民国女子——张爱玲记》一章，写了很多与张爱玲的爱情故事细节，是真是假，读者自行判断。

1947年12月11日，上海小报《飞报》的副刊上登有《张爱玲香闺之秘密》一文。

低到尘埃里

第二天，胡兰成到常德公寓回访张爱玲。这次她亲自开门，迎接初次到访的胡兰成。走进她的闺房，在华贵的环境下，他的夸赞之词滔滔不绝，张爱玲静听，胡如遇知音。纵使胡比她年长许多，她却非常仰慕他的成熟，欣赏他的文才。

第二次见面后，胡兰成写了一首新诗给她，称赞她谦逊。她以八个字回应："因为懂得，所以慈悲。"后来，胡兰成跟张爱玲说起非常喜欢她发表在《天地》月刊上的玉照。第二天她即主动拿出此照片相赠，照片背后更题了一行字："见了他，她变得很低很低，低到尘埃里，但她心里是欢喜的，从尘埃里开出花来。"她写出了颇含深意的情话，终究是爱上了他。

桃树下的爱

也许再理性、再成熟的女人，一旦陷入感情世界便容易失去理性。张爱玲也如此，童年缺少了家庭温暖的爱和父亲的爱护，更缺少

134

知音的关怀。一旦遇上这类能补偿她"缺爱"的男性，自然义无反顾，坠入情网。

张爱玲在 1944 年写下震撼的短文《爱》，一语道破在爱海里浮沉的男女读者的心境：

这是真的。

有个村庄里的小康之家的女孩子，生得美，有许多人来做媒，但都没有说成。那年她不过十五六岁吧，是春天的晚上，她立在后门口，手扶着桃树。她记得她穿的是一件月白的衫子。对门住的年轻人同她见过面，可是从来没有打过招呼的，他走了过来，离得不远，站定了，轻轻的说了一声："噢，你也在这里吗？"她没有说什么，他也没有再说什么，站了一会，各自走开了。

就这样就完了。

后来这女人被亲眷拐了，卖到他乡外县去作妾，又几次三番地被转卖，经过无数的惊险的风波，老了的时候她还记得从前那一回事，常常说起，在那春天的晚上，在后门口的桃树下，那年青人。

于千万人之中遇见你所要遇见的人，于千万年之中，时间的无涯的荒野里，没有早一步，也没有晚一步，刚巧赶上了，那也没有别的话可说，惟有轻轻的问一声："噢，你也在这里吗？"

每一步都发出音乐

此文刊登在 1944 年 4 月的上海《杂志》月刊，文中最后一段暗示她在千万人之中及在千万年之久有缘巧遇胡兰成，便是缘分。

翌月，胡兰成也撰写了一篇文章《评张爱玲》，刊在《杂志》上。文章开首便能看到他怎样以文字取悦及赞美张爱玲：

张爱玲先生的散文与小说，如果拿颜色来比方，则其明亮的一面是银紫色的，其阴暗的一面是月下的青灰色。

是这样一种青春的美，读她的作品，如同在一架钢琴上行走，每一步都发出音乐。她创造了生之和谐，而仍然不能满足于这和谐。她的心喜悦而烦恼，仿佛是一只鸽子时时想冲破这美丽的山川，飞到无际的天空，那辽远的，辽远的去处，或者坠落到海水的极深去处，而在那里诉说她的秘密。她所寻觅的是，在世界上有一点顶红顶红的红色，或者是一点顶黑顶黑的黑色，作为她的皈依。

从未入情关的年轻女子张爱玲巧遇情场老手胡兰成，又怎能抵受得住他的花言巧语？她甘心为这戴上假面具的狐狸变得很低很低，低到尘埃里，从尘埃里与他开出花来！她因为年少时的不幸经历，性格变得孤僻，容易寂寞。遇到胡兰成后，她仿佛在人间找到了那份年少的爱，治愈了她心灵上的创伤。

1944 年 5 月，胡兰成在《杂志》月刊撰写一篇取悦及赞美张爱玲的文章《评张爱玲》。

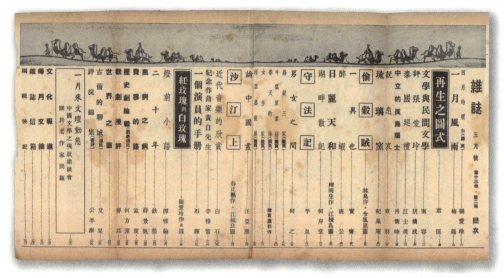

1944 年 5 月，《杂志》5 月号第 13 卷第 2 期的目录中，可见胡兰成的《评张爱玲》，以及张爱玲的小说《红玫瑰与白玫瑰》和插图《四月的暖和》。

《四月的暖和》插图。

138

签订婚书

"从尘埃里开出花来"，张爱玲心中的这朵情花真能开出来吗？她与胡兰成的情会天长地久还是只是短暂风光？

当时胡兰成抛下家室不顾，与张爱玲一起公开露面，成双成对。贪新忘旧的他有了新欢，对妻子应英娣已没有任何感情可言。最后，英娣忍受不了，与胡兰成以离婚收场，更在上海《申报》刊登离婚启事。

自张爱玲在给胡兰成的照片后写上颇含深意的情话后，两人热恋非常。有一次二人逛街，张爱玲对他说："你这个人呀，我恨不得把你包包起，像个香袋儿，用密密的针线缝缝好，放在衣箱里藏藏好。"显然，她已彻底沉溺在爱海里。

中国式婚礼

1944 年，张爱玲不足二十四岁，下嫁三十八岁的胡兰成。他顾及当时时局动荡，不忍牵扯连累她，两人便简单地写了婚书。张爱玲在婚书上写道："胡兰成与张爱玲签订终身，结为夫妇。"胡兰成加了两句，最后变成：

胡兰成与张爱玲签订终身，结为夫妇。

愿使岁月静好，现世安稳。

有人说他们没有举行任何婚礼仪式，也没有铺张的排场，更没有喧闹的筵席，只以一纸婚书成婚。

到底他们有没有在红花烛下成婚行礼？这问题一直没有确切的答案。直至 2006 年作家李黎（原名鲍利黎）所著的《浮花飞絮张爱玲》和 2018 年沈云英记述整理的一部回忆录《往事历历 —— 青芸口述回忆录》出版，这神秘面纱才被揭开。胡兰成的侄女胡青芸曾见证并记下张爱玲与胡兰成的婚礼。而沈云英是胡青芸的三女儿，她替妈妈把资料整理成书。

2004 年，一次巧遇，李黎得见原以为只存在于《今生今世》书页里的胡青芸，真像是冥冥中的机缘安排。胡青芸当时已年届九旬，但记忆力惊人，访问中她记起胡张两人不仅有一纸婚书，还举行了一场"中国式婚礼"。当时见证人除了她外，还有张爱玲的好友炎樱，而不赞同此段婚姻的姑姑张茂渊则躲在房间里。

胡青芸虽年事已高，但说起几十年前参与婚礼的过程还记忆犹新。她尤其记得婚礼上的红蜡烛，皆因红蜡烛在中国传统婚嫁习俗中是很重要的。当天两位新人没有准备蜡烛台，最后将红蜡烛插在馒头上，以作替代。之后，两人热热闹闹地"拜堂、进洞房"。

青芸记下的片段

  青芸这位嵊县胡村的传奇女子，性格豪迈，敢于担当，前半生在民国乱世下成长，又经历多次政治运动，后以九十五岁高龄善终。她年少时侍奉胡兰成的母亲直至过世，成年后将胡兰成的五个子女抚养成人。丈夫在政治运动中被迫害致死后，她又独自抚养五个亲生子女成才。她实在具备中国传统女性之美，是一位令人景仰的伟大母亲。

  三女儿沈云英在《往事历历》中记述了妈妈的一些回忆：

❀ 我（青芸）叫她张小姐（张爱玲），她叫我青芸。那段时间，我每隔两三天要去她家一次，有时六叔（胡兰成）在，有时六叔不在。

❀ ……然后一起朝前鞠躬，再互相拜一拜，之后六叔走上去抱张爱玲。

❀ 有一天，我到她家，看六叔不在，也要坐一坐，她看见我说："你穿的衣服嗄老式，可以调调花头了。"我说："我穿来穿去总是老样子，裁缝师傅也做不出什么花头精。"我当时穿了一件棉的长袖长裙，普通式样的旗袍。张爱玲突然拿出一张白纸头，说："要么我给你设计一套。"说着她在纸上画来画去，画出一件短旗袍图，短开衩，中袖是倒头大，穿起来袖子晃浪晃浪。画完旗袍图后，她对我说，和我一起去头布料，布店在静安寺，她喜欢兜马路。当时就看中了两块布料，一块是黑的，黑金丝绒，另一块是宝蓝色的洋缎。

张爱玲在半自传式小说《小团圆》中称青芸为"秀男"，写下以下精彩的描述：

九莉到他上海的住宅去看过他一次，见到秀男，俏丽白净的方圆脸，微鬈的长头发披在背上，穿着件二蓝布罩袍，看上去至多二十几岁。那位闻先生刚巧也在，有点窘似的偏着身子鞠了一躬，穿着西装，三十几岁，脸上有点麻麻癞癞的，实在配不上她。"她爱她叔叔。"九莉心里想。

《往事历历 —— 青芸口述回忆录》于 2018 年 7 月 1 日出版。

1944 年 10 月 10 日，光化出版社出版《光化》杂志创刊特大号，刊有告白撰写的《张爱玲手札》，内文写道："可喜在朝××尤止笔下的张女士，不但不可怕，而且太可爱了。闻胡张有一次在××花园的精彩表演，是一九四四年的文坛佳话，惜知之者鲜耳！"其中胡××是胡兰成，张女士是张爱玲。

千里寻夫

张爱玲与胡兰成新婚初期，"照花前后镜，花面交相映……同住同修，同缘同相，同见同知"。胡兰成曾在《今生今世》中写道：

> 爱玲极艳，她却又壮阔，寻常都有石破天惊。她完全是理性的，理性得如同数学，她就只是这样，不着理论逻辑，她的横绝四海，便像数学的理直，而她的艳亦像数学的无限。我却不准确的地方是夸张，准确的地方又贫薄不足，所以每要从她校正。前人说夫妇如调琴瑟，我是从爱玲才得到调弦正柱。

夫妻本是同林鸟，大难临头各自飞。婚后胡兰成谈起时局，预感到大难将至，便跟张说："我一定能够逃脱过灾难，只是头两年里改换姓名，将来与你即使隔了银河，也能相见。"她回应道："那时你变姓名，可叫张牵，或叫张招，天涯海角有我在牵你招你。"

张爱玲真是太天真了，即使她牵他招他，这个花心汉会视她为唯一伴侣吗？

仍堕温柔乡

1944 年 11 月，胡兰成丢下张爱玲独自去了武汉，主持《大楚报》。他很快便迷上了汉阳医院一个颇有姿色的护士周训德。周训德当时只是个十七岁的少女，论才华不能与张爱玲相比，却比张年轻貌美，胡兰成很快便陶醉于这个温柔乡中。

1945 年 3 月，胡兰成回到上海后把认识周训德这件事告诉张爱玲，她伤心却平静。虽然她内心是嫉妒的，但仍然相信胡兰成以前对她的感情以及对她许下的"岁月静好，现世安稳"的诺言是真的，希望他仍留在自己身边。但他回到武汉后，仍与周训德在一起，把张爱玲抛在脑后。

1945 年 8 月 15 日，日本宣布无条件投降，中国赢得胜利，胡兰成成为通缉要犯。他逃到浙江诸暨，化名张嘉仪，自称是张爱玲祖父张佩纶的后人。后来他找到老同学斯颂德家，当时斯颂德已经病逝，他母亲收留了胡兰成。担心胡住久了会被人发现及怀疑，斯颂德的母亲和家人商议，决定让斯颂德的庶母范秀美带他到其温州娘家寻找藏身之所。

范秀美带着胡兰成从诸暨出发去温州，一路上孤男寡女，范秀美对他照顾体贴，才走到浙江丽水一处，两人就同居了。到温州后，两人便住在范秀美娘家租住的一间厢房里。范母老迈眼瞎，在屋内挤出一块地，铺床安置他们。他们便这样成为夫妻，在范家人以及邻居前都以夫妻相称。

已经不喜欢你了

　　1946 年 2 月，张爱玲从上海寻夫至温州。温州这座城常常成为政治失意之人的避难所。大至浩然正气的文天祥，小到文化汉奸胡兰成。胡兰成没有想到张爱玲会来，更没想到她能找到自己。当她突然出现在他与范秀美面前时，他大吃一惊。对她千里迢迢来看他这件事，胡兰成没有丝毫感激，也没有片刻温存，而是气急败坏地骂道："你来做什么？还不快回去！"

　　张爱玲对胡兰成说："我从诸暨丽水来，路上想着这里是你走过的。及在船上望得见温州城了，想你就住在那里，这温州城就像含有宝珠在放光。"她隐约觉得胡兰成和范秀美的爱并未落实，要他在范秀美和自己之间做选择。他巧言令色，并不抉择，坚决要她快返回上海。她走时，天在下雨。后来张爱玲在给胡兰成的信中写道："那天船将开时，你回岸上去了，我一人雨中撑伞在船舷边，对着滔滔黄浪，伫立涕泣久之。"她却仍寄钱给他："你没有钱用，我怎么都要节省，帮你渡过难关的。今既知道你在那边的生活程度，我也有个打算了，不要为我忧念。"

　　后来范秀美意外怀孕，欲往上海堕胎，当时手头甚紧的胡兰成写了一张纸条，托青芸带范秀美去找张爱玲："看毛病，资助一点。"她二话不说，拿了一只金镯子出来给青芸："当掉，换脱伊，给伊做手术。"女人不为难女人，令人叹为观止，从中看到张爱玲的仁义与任侠。

　　1947 年 6 月 10 日，张爱玲把撰写电影剧本《不了情》《太太万岁》所得的稿酬 30 万元寄给胡兰成，并附了一封信：

我已经不喜欢你了。你是早已不喜欢我的了。这次的决心，我是经过一年半长时间考虑的。彼惟时以小吉故，不欲增加你的困难。你不要来寻我，即或写信来，我亦是不看了的。

从此，张爱玲与胡兰成断绝往来了！

小团圆的白白?

2009 年，张爱玲半自传式长篇小说《小团圆》面世。她于 1975 年完成此小说初稿，后不断修改，至离世前仍在改动。此书让读者能以另一个视角去看她的人生和爱情故事，也为张迷和张学研究者了解张爱玲及胡兰成两人的关系提供了更多资料。在《小团圆》里，有一段描写女主角盛九莉对男主角邵之雍的感觉：

她从来不想起之雍，不过有时候无缘无故的那痛苦又来了……这时候也都不想起之雍的名字，只认得那感觉，五中如沸，浑身火烧火辣烫伤了一样，潮水一样的淹上来，总要淹个两三次才退。

盛九莉遇上了邵之雍。在之雍面前，九莉变得很低很低，低到尘埃里，但她心里是喜欢的，从心里从尘埃里开出花……

不论张迷多么替张爱玲不值，但人生就是这么无奈，就如她曾写道："这是一个热情故事，我想表现出爱情的万转千回，完全幻灭了之后也还有点什么东西在。"

2009 年 3 月，皇冠出版社出版张爱玲的小说遗作
《小团圆》。宋以朗在书中的前言袒露，当年若非宋
淇指出胡兰成与台湾的政治问题，《小团圆》早已在
1976 年发表了。

处女译作《谴而虐》

　　要成为一个优秀的翻译能手，需精通多种语言，具有学识、判断力和敏感度，还要配以老练的文笔，才能令译文隽永传神，译出原作的精髓及其所表达的深层意义。胡适说过，他写文章每小时可达八九百字，但翻译时每小时只能译四五百字，速度仅及写作的一半，原因是一个单字、一个句子或一篇文章，内含不同意思及隐藏的意义，翻译不能搬字直译，需兼顾上文下理及内里所表达的真正意思。

　　写作主要对自己负责，但翻译必须顾及原作者的写作特色，斟酌字句时就需要苦心经营。例如，傅雷除了是作家及教育家外，还是一名翻译家，早年留学法国，中文及法文堪称一流，他在译书时一天不过译一千多字。如果傅雷单靠翻译谋生，全家老少非得饿得面有菜色不可。可是傅雷仍把大部分精力和时间花在翻译上，他极迷恋巴尔扎克、伏尔泰及罗曼·罗兰，致力于翻译他们的作品。法国作家纪德曾说："每一位优秀的作家都应该至少为自己的国家翻译一册优秀的文学作品。"在这一点上，傅雷已经超越了纪德的要求。

羡妒林语堂

　　有一人令张爱玲既羡又妒，这人便是林语堂，他曾被称为"在中国以英文写作的第一人"，很多人认为林语堂的英文畅顺如流水行云，起承转合随心所欲，到家极了。但她不认同。她在《张爱玲私语录》中提到，她从小妒忌林语堂，觉得他不配，他的中文比英文好。所谓"不配"，是指林语堂用英文写的书在英美畅销，令他名成利就。

　　林语堂的名著 *The Importance of Living*（《生活的艺术》）于1937 年由美国纽约约翰·黛公司出版，甚获好评，同年被美国"每月书会"选为特别推荐书。《生活的艺术》第一个中译本，在 1938 年至1941 年上海的《西风》月刊上发表，由其主编兼发行人黄嘉德翻译。张爱玲在《流言》中的散文《私语》中写道：

　　我有海阔天空的计划，中学毕业后到英国去读大学，有一个时期我想学画卡通片影片，尽量把中国画的作风介绍到美国去。我要比林语堂还出风头，我要穿最别致的衣服，周游世界，在上海自己有房子，过一种干脆利落的生活。

　　《西风》月刊于 1936 年 9 月由黄嘉德、黄嘉音兄弟创立，香港总销售处为美美公司，由林语堂撰发刊词。1940 年 3 月再创办《西书精华》季刊，"以译述西书精华，介绍欧美读物为目标，对西洋文化作进一步之介绍"。张爱玲早期的小说、散文、画作等都曾刊登在上海或香港的杂志及报章上，包括《西风》《紫罗兰》《万象》《大家》《杂志》《新东方》《天地》《小天地》《苦竹》《太平》《大美晚报》《小日报》《亦报》《太平洋周报》《海报》等。但还有一本被大多数人遗忘的沧海遗珠《西书精华》季刊，因为它埋藏了张爱玲在二十二岁时发表的一篇翻译处女作！

根据黄康显的文章《灵感泉源？情感冰原？张爱玲的香港大学因缘》可知，张爱玲在香港大学就读时，教导翻译的是中文系的讲师陈君葆先生。张爱玲首两年须修读英文、中国文学、翻译、历史、逻辑学及心理学等课程。

她曾提及在香港读书时非常用功，看过不少外国名著及小说。1941 年 1 月的期中考试成绩单上，她在翻译科获得了 92 分，全班称冠。1941 年 6 月，她的首篇选节译文《谑而虐》刊登在《西书精华》上，原作者为美国作家哈尔赛（Margaret Halsey）。

对部分人怀恶意

林肯（Abraham Lincoln）是美国第十六任总统，在任期间美国爆发内战，他坚决反对国家分裂，主张废除奴隶制度，解放黑奴，维护了不分人种、不分肤色、人人生而平等的权利。可惜，1865 年 4 月 14 日，南北内战结束后不久，林肯在华盛顿福特剧院被约翰·韦尔斯·布斯（John Wilkes Booth）杀害，成为第一位遭刺杀的美国总统。林肯死后，很多美国人都怀念他，更记得他在 1865 年 3 月 4 日第二次就职演说中的重要讲话：

不对任何人怀恶意，对所有人抱好感，坚持上帝向我们彰显的正义，让我们继续奋斗，完成我们正在进行的工作，治疗国家的创伤⋯⋯

其中"不对任何人怀恶意"（With malice toward none）这句话成为当时的流行金句。七十多年后的 1938 年，作家哈尔赛出版了一本名叫 *With Malice Toward Some* 的书，书名《对部分人怀恶意》是对林肯的名言"不对任何人怀恶意"的二次创作，全书共 270 多页，并配有著名漫画家 Peggy Bacon 的插图，由 Simon & Schuster 公司出版。

虽然此书是哈尔赛的处女作，但出版不久后销量就超 60 万册，成为当时英美最畅销的书。正在港大读书的张爱玲留意到此书并借来阅读，考虑着可否将它作为她的首篇翻译之作。

谑而虐

当时真正认识到二十世纪三十年代英国和美国在文化、教育及修养各方面异同的人不多。美国人对英国人的印象是什么样的？是好是坏？对此，以往甚少有书提及，所以哈尔赛写了 *With Malice Toward Some*，将这两个国家的人情和习俗展露在读者眼前，自然大受欢迎。

看过此书后，张爱玲决定挑选部分精彩章节进行翻译。她并没有直译书名，而选以成语"谑而不虐"作二次创作，变成《谑而虐》。

"谑"为开玩笑，"虐"为捉弄、侵害，"谑而虐"代表开玩笑捉弄人。她译毕后投稿到上海西风出版社。终于，在1941年6月，张爱玲首次翻译的作品《谑而虐》出现在《西书精华》第6期上。从此，张爱玲的其他翻译作品如《老人与海》《爱默森选集》《小鹿》（即《鹿苑长春》的前身）、《睡谷故事　李伯大梦》《美国散文选》《美国诗选》《美国现代七大小说家》等亦相继面世。

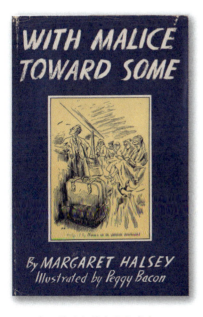

1938年，美国女作家哈尔赛出版 With Malice Toward Some。

1941年6月，张爱玲最早的翻译作品《谑而虐》发表在西风出版的《西书精华》第6期。

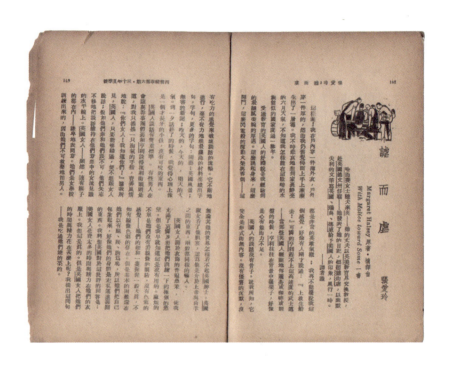

张爱玲于 1941 年 6 月发表的首篇翻译作品《谑而虐》。

1954 年 1 月，香港天风出版社出版由张爱玲选译的《爱默森选集》，不到四个月，该书销售一空，天风再次加印以满足读者的需要。

由张爱玲、方馨、汤新楣等译的《欧文小说选》（*The Best of Washington Irving*）于 1963 年在今日世界社出版。全书小说共十篇，张爱玲只译了第一篇《无头骑士》。

《鹿苑长春》（*The Yearling*）是美国作家马乔丽·劳林斯于 1938 年发表的儿童文学小说，被译为二十多种语言。1962 年 7 月，今日世界社出版了张爱玲译的《鹿苑长春》。

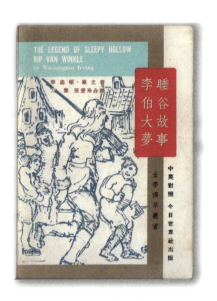

华盛顿·欧文是美国著名作家，被誉为"美国文学之父"。张爱玲翻译了他的作品《睡谷故事》《李伯大梦》等。中篇小说《睡谷故事》又称《无头骑士》，取材自德国无头骑士的民间传说。

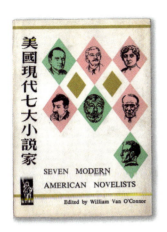

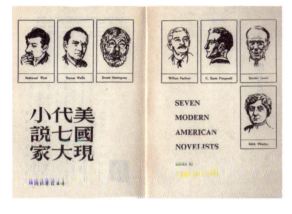

张爱玲、林以亮、于梨华和叶珊翻译的《美国现代七大小说家》，由今日世界社于1967年5月出版。张爱玲除翻译原编者的序外，还翻译了辛克莱·路易斯、海明威和托马斯·沃尔夫三位作家部分；林以亮翻译菲茨杰拉德部分；于梨华翻译伊迪丝·华顿部分；叶珊翻译威廉·福克纳和纳撒尼尔·韦斯特部分。笔者拥有两本初版本，封面均由李威林设计（最上），但两书的封面与内页的装帧有别，小说家伊迪丝·华顿的头像变换了位置，用色也不同（中及下）。

李志清作品

158

首篇影评

　　张爱玲以小说与散文著称于世，其电影评论与剧本创作亦深受广大读者的喜爱。她借此表达自己对电影界的看法及感想，亦将小说故事以电影手法重现出来，令笔下人物活现银幕，角色仿佛就生活在现实世界里，在你和我之间。张爱玲有多部出色的小说曾多次被改编成影视作品及戏剧，为更多的人所认识，例如《倾城之恋》《色，戒》《半生缘》《红玫瑰与白玫瑰》《金锁记》《怨女》等。

　　弟弟张子静在《我的姐姐张爱玲》中回忆，姐姐在求学时期已非常爱看电影，更喜欢多位中外电影明星，包括中国影星阮玲玉、石挥、上官云珠、陈燕燕、蓝马、赵丹、顾兰君、谈瑛、蒋天流等，外国影星则有克拉克·盖博（Clark Gable）、费雯·丽（Vivien Leigh）、加里·库珀（Gary Cooper）、琼·克劳馥（Joan Crawford）、贝蒂·戴维斯（Bette Davis）等。张爱玲的床头经常放有美国好莱坞电影杂志，如 *Movie Star*, *Screen Play* 等。

张爱玲看卡通

卡通，是英语 Cartoon 的音译，指以幽默、讽刺或不写实等手法来表现艺术形象的绘画形式，如连环图、漫画等。后来人们利用动画技术，将单幅的漫画串成多幅会活动的卡通，在银幕上播映，变成卡通电影，俗称卡通片，例如香港的"老夫子"系列电影，大陆的"喜羊羊与灰太狼"系列动画片。而世界闻名的卡通片非华特·迪士尼（Walt Disney）出品的莫属。

在二十世纪三十年代的上海，卡通电影只是电影院播放正片之前加插的小片段，提供短暂的娱乐及轻松时刻，是为跟随父母看戏的孩子而特别制作的。那么对大多数入场的成年观众而言，卡通画在他们心目中究竟占有什么地位？不足十七岁、即将中学毕业的张爱玲，对当时的卡通电影发展已有宏观的看法，更以此为题写了人生第一篇影评。

1937 年，张爱玲在上海圣玛利亚女校的年刊《凤藻》上（总第17 卷）发表人生首篇影评，名为《论卡通画之前途》。她预见了卡通动画的光明前途，因它不仅能取悦儿童，还受到不同年龄和阶层的朋友欢迎。

未来的卡通画能够反映真实的人生，发扬天才的思想，介绍伟大的探险新闻，灌输有趣味的学识。譬如说，"历史"，它就能供给卡通数不尽的伟大美丽的故事。这些诗一样的故事，成年地堆在阴暗的图书馆渐渐地被人们遗忘了，死去了；只有在读历史的小学生的幻想中，它们有时暂时苏醒了片刻。卡通画的价值，为什么比陈列在精美展览会博物院里的古典的杰作伟大呢？就是因为它是属于广大的热情的群众的……

卡通的价值决不在电影之下。如果电影是文学的小妹妹，那么卡通便是二十世纪女神新赐予文艺的另一个玉雪可爱的小妹妹了。我们应当用全力去培植她，给人类的艺术发展史上再添上灿烂光明的一页。

1957 年 5 月 29 日，电影《情场如战场》在香港上映，是张爱玲首部在港上映的电影。本片由林黛、陈厚等红星主演，国际电影懋业有限公司制作。张爱玲曾表示她在百忙中写好这剧本，并且一再叮嘱电懋，这出戏无论如何都要由林黛主演，因为她是以林黛为原型来塑造女主角的个性与外形的。图为《情场如战场》的本事及拍摄花絮特辑。

《情场如战场》的电影剧本并非张爱玲原创，此片糅合了《愿嫁金龟婿》（How to Marry a Millionaire）及《绅士喜欢金发女郎》（Gentlemen Prefer Blondes）两部外国电影。图为《情场如战场》的本事及拍摄特辑。

"这出戏里的噱头虽不好，是我自己想的，至少不会犯重。"这是张爱玲于1958年在完成《桃花运》剧本时的自贬。其实该影片不只剧情创新，亦符合二十世纪五十年代香港追求西方摩登思想的特色。《桃花运》由电懋制作，叶枫、陈厚、王莱、刘恩甲等主演，讲述丈夫飞黄腾达，却移情爱上风情万种的歌女的故事。面对另一半的变心，大方得体的妻子采取连串高招，一面资助歌女的穷男友，一面提出分走大部分财产的离婚协议，最后成功挽救婚姻。图为《桃花运》的彩色广告。

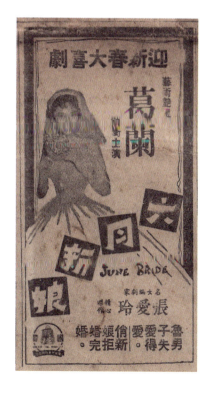

1960年1月23日，《星岛晚报》刊登了由葛兰主演的《六月新娘》电影广告，写有"名女编剧家张爱玲精心杰作"及宣传字句"鲁男子失爱得爱，俏新娘拒婚完婚"。

桑与张的《不了情》

　　1961 年，由陶秦执导、于香港上映的电影《不了情》令女主角林黛成为亚洲影后，幕后代唱歌手顾媚演唱的主题曲《不了情》更成为经典国语金曲。1947 年，上海亦有一部同名电影《不了情》，由桑弧执导，文华影片公司制作，主角为银幕情侣陈燕燕及刘琼。1947 年 4 月 9 日在上海沪光大戏院试映，一鸣惊人！这部电影的编剧就是张爱玲。

　　《不了情》是文华影片公司成立后拍摄的第一部影片。故事讲述贫寒的家庭教师虞家茵与家庭不睦的已婚中年商人夏宗豫互相爱慕，夏欲离婚，跟虞结成夫妇。虞不忍夺去他人丈夫，加上父亲的胡搅蛮缠，令她陷入理智与情感的两难。最后她毅然自断情爱，向夏谎称要回家乡和表哥结婚，只身到千里之外的厦门教书，结束这段情缘。

　　当时的好莱坞影片经常出现类似的故事情节。《不了情》是张爱玲首次尝试编写的电影剧本，开始写于 1946 年 12 月末，短短半个月的时间便把这个剧本一挥而就。稍作修改后，由桑弧于次年 2 月初执导开拍，至 3 月 22 日杀青。同年 4 月初，《不了情》在上海公映，反响相当热烈，被誉为"胜利以后国产影片最适合观众理想之巨片"。

张爱玲除喜欢写小说及散文外，对戏剧的创作及电影的兴趣亦与日俱增，她于1943年撰写小说《倾城之恋》，1944年将其改编成话剧并搬上舞台，大受民众欢迎。1946年跟导演桑弧合作《不了情》，过程非常愉快，后来她将此电影剧本改写成小说《多少恨》，小说于1947年5月、6月在《大家》月刊第2期及第3期连载，这是张爱玲唯一一次将电影剧本改编成小说。张爱玲的"文"，加上桑弧的"武"，两人很快便成为电影界的最佳搭档。

寡言拘谨的导演

桑弧原名李培林，1916年生于上海，原籍浙江省宁波市。他的笔名为"桑弧"，取自一首古诗"当年蓬矢桑弧意，岂为功名始读书"，有鼓励劝勉男子之意。《礼记·射义》有云："故男子生，桑弧蓬矢六，以射天地四方，天地四方者，男子之所有事也。"意指男孩出生时，以桑木制弓，蓬草作矢，射向天地四方，寓意男儿长成后必如蓬矢般雄飞四方，志向远大。

他是中国内地的著名导演及编剧，1941年创作了首部电影剧本《灵与肉》，1944年执导个人首部电影《教师万岁》，1947年因执导张爱玲编剧的电影《不了情》而一炮而红。接着执导的《太太万岁》《哀乐中年》《梁山伯与祝英台》(越剧)、《白毛女》(舞剧)、《祝福》《第二个春天》《她俩和他俩》《子夜》及《邮缘》等电影或舞台剧，均深受观众欢迎，部分更获中国文化部优秀影片金奖及墨西哥国

1947年4月9日上午10：30，文华影片公司的首部电影《不了情》于上海沪光大戏院试映。上映前，文华特别印刷了一批精美的"试映票"（左：正面，右：背面），奉送给媒体及选定的嘉宾名流。试映票上除印有大字体《不了情》的戏名外，还看到编剧张爱玲及导演桑弧的名字。

1947年4月24日刊登在《新闻报》上的《不了情》广告，以"献给多情的青年男女"作宣传，在上海沪光及卡尔登戏院每天各映四场，时间分别是"二半、四三刻、七时及九一刻"。

1947年7月5日刊登在《浙瓯日报》上的《不了情》广告，以"银幕大情人"陈燕燕及刘琼作宣传，在大光明电影院放映。广告上印有"情近于痴！爱人于真！"及"地老天荒，堪叹古今情不尽。痴男怨女，可怜风月债难酬。"等宣传词句。

1947年4月，刊登在山河图书公司《大家》杂志创刊号上的《不了情》广告。除印明陈燕燕及刘琼领衔主演外，还印有编剧张爱玲及导演桑弧的名字。

际电影节"银帽奖"。

　　认识桑弧的朋友都指他的性格内向寡言,为人诚实拘谨,较难了解他的内心世界,埋藏在心里的情感更令人难以捉摸。

文华开山之作

　　1968年桑弧写了一份共五页的手稿,题为《交待有关文华公司和马景源的一些情况》,文中提到中国电影事业家吴性栽于1946年在上海创办文华影片公司,厂址在上海徐家汇,也就是原来老联华影业公司的旧厂位置。首任经理为吴邦藩,桑弧和黄佐临负责创作,龚之方负责广告宣传。1947年马景源由楼子春介绍进入文华公司,负责发行和财务工作。

　　文华影片公司开业不久便制作了《不了情》《假凤虚凰》《母与子》《太太万岁》《夜店》《艳阳天》等电影。1948年,文华公司联合上海民营电影公司组成上海电影联谊会,统一发行国产片。1952年,以长江昆仑联合电影制片厂为基础,联合文华、国泰、大同、大光明、大中华、华光等私营电影公司,组成上海联合电影制片厂。

　　作为文华公司电影创作负责人之一的桑弧,深知剧本为电影之本,一部扣人心弦的电影最重要的便是要有一个好剧本。剧本是一种文学体裁,是电影艺术创作的文本基础,演员需根据剧本的要求演绎及发挥。当时文华公司的电影正缺乏有文学功底兼有编剧智慧的人,桑弧在上海遍寻适合的人选,最后找到谁呢?

首当电影编剧

1944 年 8 月 15 日，张爱玲的首本著作《传奇》出版，收录了她以往发表的中短篇小说共十篇。《传奇》一经面世便轰动了整个上海文坛，张爱玲也成了当时最红的作家。她的小说有浓重的电影感，其文字能让读者如临现场，亦易于营造银幕上的层次感和戏剧感。

《传奇》创下了四天销售一空的纪录，除吸引了万千读者争相购买及阅读外，还引起了桑弧的注意，他希望认识这位红极一时的作家。由于张爱玲曾在剧作家柯灵主编的《万象》杂志上发表过《心经》《连环套》等小说，桑弧便通过这位好友介绍，在 1946 年 12 月认识了张爱玲，之后更邀她撰写电影剧本。

在桑弧诚邀之前，她从未写过正式的电影剧本，但她从小就爱看电影，观察力强，常常借用电影的艺术表现手法创作小说。其代表作《金锁记》中有关曹七巧守寡前后十年变化的一段描写，曾被迅雨（傅雷的笔名）认为赞赏，称当中巧妙地运用了电影技巧中的转场手法。

劣境下的生计与创作

第一次见张爱玲时，桑弧便发觉她的一举手一投足都显得与众不同，发出的声音和说的每句话都深深吸引着沉默寡言的他。人们说："喜欢一个人，眼神说不了谎。"他充满爱慕的眼神，张爱玲虽心里知晓，但她不理会也不放在心上。她仍旧郁郁不欢，与胡兰成的结仍未解开，婚姻失败，情感受创，她对感情提不起劲，更深感气馁。

抗日战争胜利后，张爱玲与胡兰成的关系令她背上"文化汉奸"的罪名，大多数上海报纸杂志将她的著作拒之门外，她只能化名投稿以维持生计。桑弧提出邀请她创作电影剧本时，她一口答应，凭着蓄积已久的电影素养和丰富的创作理念，只用了半个月便写好了剧本《不了情》。

《不了情》的剧本写一对男女在世俗观念的束缚下，爱也难，恨也难，是一个一波三折的非传奇性的爱情故事，仿佛反映了张爱玲当时的心态。桑弧拿到这个剧本时十分欣喜重视，将此作品定为文华创业之作，并立即开始拍摄工作。他根据《不了情》的剧作特点，选择了当时最红的男影星刘琼和退隐多年的女演员陈燕燕出演男女主角，其中陈燕燕是张爱玲以往喜欢的女影星之一，已出演过三十多部影片，被誉为"最有前途的悲旦"。

《太太万岁》背后的风波

电影《不了情》反应热烈，票房大卖。桑弧趁热打铁，再请张爱玲另写剧本。由桑弧构思，张爱玲执笔，完成第二个剧本，名叫《太太万岁》。1947年12月14日，《太太万岁》在上海皇后、金城、金都、国际四大影院同日献映，随后在另一大城市天津的华安、亚洲、河北及国光影院播映。电影发行商文华影片公司以"绝顶风趣、万般细腻、取材别致、情调幽美"来形容此电影，并在自制的宣传刊物上的"电影木事"、"悟及广告单上印"句宣传语——"谨以本片献给：世上任何一位丈夫"。

家庭悲喜剧

《太太万岁》讲述女主角陈思珍为了当个贤惠的妻子，多番在丈夫唐志远及家人面前编谎话，以圆滑的手腕处世，经历丈夫变富、出轨、离婚，故事中的许多机缘巧合、错位及误会引发了诸多"笑"果。张爱玲深谙如何制造故事的戏剧性和喜剧的效果，因此这部电影如今看来依然充满魅力。电影反映了民国时期的很多社会现象，像旧社会价值观冲击下的新式爱情、飞机的流行、半导体科技的普及、物价飞涨问题及股票市场的兴起等，充分呈现了小资产阶级的生活状态，脱离了当时中国电影"以苦为准""越苦越好"的标准。《太太万岁》上映后，场场爆满，虽然观众口碑极佳，张爱玲却遭到了猛烈的抨击。

张爱玲以《倾城之恋》《金锁记》《红玫瑰与白玫瑰》等小说在二十世纪四十年代中期的上海文坛迅速走红，名噪一时。抗日战争胜利后，她却因与胡兰成的伴侣关系，被外界怀疑为文化汉奸，一言一行均受到外界的注意，文章更遭同行的排挤非议，甚至是口诛笔伐。

题记引来冷嘲热讽

《太太万岁》公映前，张爱玲已经预料到外界必然会因她的参与而恶意批评，这未必与电影的质量有关。所以她在影片上映前写了一篇散文《〈太太万岁〉题记》，1947 年 12 月 3 日发表在《大公报·戏剧与电影》第 59 期上。文章中，她试图阐述自己的创作目的及真实想法，表达其意义。可惜，部分指责者还未看过电影便对这篇题记大做文章，指桑骂槐，强指《太太万岁》的意识形态大有问题。

文华影片公司编印的《太太万岁》宣传刊物上，除收录张爱玲的《〈太太万岁〉题记》外，还有其他评论文章，包括东方蝃蝀的《张爱玲的风气》、庸楼的《太太带回家来的乐趣》、刊物编者的《太太万岁 —— 本事》《谈导演桑弧》及文华的其他新闻花絮等。

张爱玲在文中写道：

《太太万岁》是关于一个普通人的太太。上海的弄堂里，一幢房子里就可以有好几个她。

她的气息是我们最熟悉的，如同楼下人家炊烟的气味，淡淡的，午梦一般的，微微有一点窒息；从窗子里一阵阵的透进来，随即有炒菜下锅的沙沙的清而急的流水似的卢音。主妇自己大概并不动手做饭，但有时候娘姨忙不过来，她也会坐在客堂里的圆台面前摘菜或剥辣椒……在《太太万岁》里，我并没有对陈思珍这个人加以肯定或袒护之意，我只是提出有她这样的一个人就是了……出现在《太太万岁》的一些人物，他们所经历的都是些注定了要被遗忘的泪与笑，连自己都要忘怀的。这悠悠的生之负荷，大家分担着，只这一点，就应当使人与人之间感到亲切的罢?

同年 12 月 12 日，在电影上映的前两天，上海《时代日报·新生》刊出一篇署名胡珂的文章《抒愤》。文章猛烈抨击《太太万岁》："有人在敌伪时期的行尸走肉上闻到 high comedy 的芳香! 跟这样的神奇的嗅觉比起来，那爱吃臭野鸡的西洋食客，那爱闻臭小脚的东亚病大，又算得什么呢? "

评论? 人身攻击?

1948 年 2 月，天津综合艺术杂志社出版的《综艺》画刊第 1 卷第 5 期上刊登了一篇文章《电影编剧应如何取材? 评〈太太万岁〉·〈终身大事〉》，作者沙易在文章中大肆批评《太太万岁》。作者看了电影后，觉得内容似乎同张爱玲过去所编的《不了情》一样，仅描写了男女间极平凡琐碎的问题，像太太替丈夫撒谎结果两面不讨好这样平凡的故事，在现实生活中常发生。

沙易认为，张爱玲写这个剧情也许是凭着她"现实中一个触觉，意识到人类有这样一个奇异的现象"。可是他认为电影不应该像当时流行的"礼拜六派"或"鸳鸯蝴蝶派"小说一样只迎合一般小市民，而应当有它的教育任务。作者不但应反映现实中的矛盾，还要意识到作品会起怎样的作用，能否化解社会、人民的矛盾。沙易认为作者并没有经过深切考虑，所以结果一定是失败的。他对张爱玲的写作技巧是钦佩的："像《太太万岁》这样没有'故事性'的故事，居然能编成一个电影剧本，诚令人感到惊奇，然而电影最要紧的是主题，如果作家仅仅凭着聪明的技巧，赚取了小市民的眼泪，它的最终目的 —— 艺术价值，一定是非常低下的。张爱玲既然有了这样的写作天才，何必尽钻进这样的牛角尖，而不去用她的作品描写人生中不合理的问题呢？"

该篇文章的编者还在文首的引言定调："只提供问题，而不能给观者以正确明显的解答的作品绝对是无价值可言的。"沙易和杂志编者对《太太万岁》作了非常负面的评论，近乎是对张爱玲的人身攻击了。

《太太万岁》宣传特刊。

文华影片公司宣传部编印的《太太万岁》宣传品。

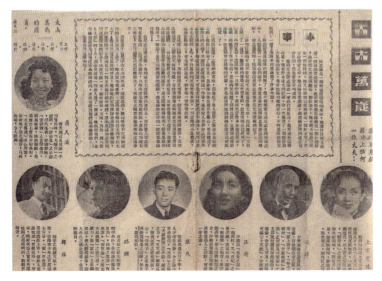

《太太万岁》本事。

太太萬歲
題記

·張愛玲·

飾流氓妻——陳思珍

1947年12月3日，上海的《大公报·戏剧与电影》第59期及文华影片公司编印的《太太万岁》宣传刊物上，有张爱玲的一篇散文《〈太太万岁〉题记》。

176

文华影片公司的《太太万岁》宣传刊物上，刊有东方蝦蜞撰的《张爱玲的风气》。

1948年2月，天津的《综艺》第1卷第5期上，印有沙易撰写的文章《电影编剧应如何取材？评〈太太万岁〉·〈终身大事〉》。

桑张配的票房保证

电影上演前后，因她与胡兰成的关系，部分电影业及文化界的人士戴着有色眼镜来评论张爱玲的编剧作品。当时她对这些批评都不置一词，她要说的及解释的都已写在《〈太太万岁〉题记》中。尽管她遭受外界如此莫须有的指摘及非议，但这没有影响热情的观众对电影的支持，票房仍场场爆满。饰演女主角的蒋天流一夜爆红，成为新一代女性的典范，而其他演员石挥、上官云珠、张伐等亦深受观众爱戴。

《太太万岁》哀而不伤，悲喜交集，是部轻松喜剧，开了当时中国电影新风格。影片之所以善用细节和对白描写女性的心理及处境，张爱玲的剧本应居首功。桑弧对张爱玲叙述的故事情有独钟，他运用喜剧的幽默和娴熟的电影技巧，把她独有的文学情味发挥得淋漓尽致。文华的老板吴性栽是一位尊重艺术、尊重艺人的电影人，对于能为公司带来突破性票房及丰厚利润的这对幕后最佳拍档，他自然爱惜有加。

吴性栽曾邀请张爱玲、桑弧、龚之方、唐大郎等人到无锡太湖吃船菜，庆祝《不了情》及《太太万岁》两部电影的成功。后来张爱玲提起那次游湖及在太湖捞起鱼虾当场烹煮的船菜，觉得"印象深刻，别致得很"。当时龚之方及唐大郎察觉桑弧与张爱玲很合拍，认为他们男才女貌，是非常理想的佳偶，便欲撮合桑张。

搁置《金锁记》电影

《不了情》和《太太万岁》获得空前成功，导演桑弧配编剧张爱玲成为文华影片公司绝佳的票房保证，他们亦成为银幕后的最佳拍档。之后他们商量下一部电影应拍什么题材，张爱玲二话不说拟将她的名作《金锁记》改编拍成电影。1948年初，文华在出版的一份电影杂志上披露："桑弧执导《太太万岁》后，又将与张爱玲三度合作，将其成名作《金锁记》搬上银幕。《金锁记》的主角曹七巧，合适的演员一时难找，恰巧碰到中国影剧界名旦张瑞芳在上海，她在1942年出演了郭沫若创作的话剧《屈原》中的婵娟，引起强烈回响，并在1947年《松花江上》中以演技博得圈内人一致好评。最后，《金锁记》的女主角选定由张瑞芳出演。"

根据张瑞芳自述，虽然文华曾与她商量，但不久后她便身患肺病，被迫卧床治疗，只能辞演。最后《金锁记》的拍摄计划亦被搁置。《金锁记》的夭折不仅仅是因为张瑞芳生病或一时找不到演员，动荡的时局与社会环境才是最要紧的原因。当时，张爱玲已写好了《金锁记》的剧本，后来剧本下落不明，不知所终。

《金锁记》背后的家事

被傅雷誉为"文坛最美的收获之一"以及被夏志清称为"中国自古以来最伟大的中篇小说"的《金锁记》，是张爱玲于1943年创作的作品，收录在其首本著作《传奇》里。弟弟张子静在《我的姊姊张爱玲》中曾提及,《金锁记》小说里的人物及故事源于外曾祖父李鸿章的次子李经述的家中秘事。李经述共育有五子,长子国杰任官后被暗杀,次子国燕早逝,三子国煦残疾,四子国熊年轻时浪荡,幼子未及成年已夭折。《金锁记》小说以李经述五个儿子的其中三个儿子的形象为创作参考,小说角色的性格举止都与现实中的他们神似。

张爱玲屡屡在小说中自揭家族疮疤,颇受非议,亲友很不喜欢她。他们常说,张爱玲不写李鸿章的子孙挣扎奋斗的故事,却爱写他们家中不甚光彩的事。张爱玲的舅舅尤其生气,以往她询问家中事,舅舅都愿意回答,她却在小说里骂他,这让他感到非常不满。

后来张爱玲赴美后将《金锁记》扩写成英文小说《粉泪》(*Pink Tears*),但未获美国的出版社出版。她于1965年将其改写为《北地胭脂》,中文版译为《怨女》,1966年分别在台湾《皇冠》杂志及香港的《星岛日报》上连载,英文版 *The Rouge of the North* 于1967年在英国伦敦出版。

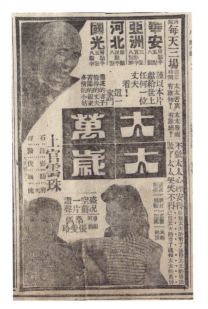

1948年2月26日，上海《益世报》刊有《太太万岁》广告，宣传字句有"不做太太心理安得，做了太太哭笑不得"。

《太太万岁》的电影光盘。

"太太的苦衷有谁知，太太的难处有谁晓"是1949年3月17日刊登在上海《新闻报》的《太太万岁》的广告宣传句。

李志清作品

谁是《哀乐中年》的编剧

电影《哀乐中年》由上海文华影片公司制作，1949 年正式上映，由桑弧导演，著名演员石挥、朱嘉琛、沈扬、李浣青及韩非等主演。该片讲述人到中年的鳏夫陈绍常（石挥饰）退休后与挚友年轻的女儿刘敏华（朱嘉琛饰）相爱，遭男方的子女极力反对。陈绍常的子女虽然孝顺父亲，却反对父亲再婚，未真正理解和体贴他的情感需要。最终，陈和刘克服重重困难，成功圆婚，一起生活。该电影被香港导演李翰祥称赞为"二十世纪四十年代中国最有价值的影片"之一，亦被评为"一部内容和技巧都几近完美的中国电影"，成为桑弧的又一代表作。

"哀乐中年"这四个字出自南朝文学家刘义庆编撰的《世说新语·言语》："谢太傅语王右军曰：'中年伤于哀乐，与亲友别，辄作数日恶。'"谢安对王羲之感慨，人到中年易受哀伤情绪的折磨，每与亲友话别，总是好几天闷闷不乐。后用"哀乐中年"形容人到中年对亲友离别的伤感情绪。

1949 年上映的《哀乐中年》，编剧、导演俱署名为桑弧，他指此

谁是《哀乐中年》的编剧　　　183

故事是根据他亲耳听到的故事改编的。但在 1990 年，香港学者郑树森在其文章《张爱玲与〈哀乐中年〉》中写道："1983 年笔者任教于香港中文大学时，翻译中心主任、文坛前辈林以亮（即宋淇）先生在一次长谈中透露，《哀乐中年》的剧本虽是桑弧的构思，却由张爱玲执笔。"问题出现了，《哀乐中年》真正的编剧究竟是谁，是桑弧还是张爱玲？

不过是顾问

郑树森教授在台湾《联合报》上公开揭露张爱玲是《哀乐中年》剧本的"执笔者"后，竟引来了张爱玲本人亲自回应。1990 年 11 月 6 日，她回信给台湾《联合报》副刊编辑苏伟贞：

今年春天您来信说要刊载我的电影剧本《哀乐中年》。这部四十年前的影片我记不清楚了，见信以为您手中的剧本封面上标明作者是我。我对它印象特别模糊，就也归之于故事题材来自导演桑弧，而且始终是我的成分最少的一部片子。联副（即《联合报》副刊）刊出后您寄给我看，又值贱忙，搁到今天刚拆阅，看到篇首郑树森教授的评介，这才想起来这片子是桑弧编导，我虽然参与写作过程，不过是顾问，拿了些剧本费，不具名。事隔多年完全忘了，以致有这误会。稿费谨辞，如已发下也当璧还。希望这封信能在贵刊发表，好让我向读者道歉。

这封信在 1995 年张逝世后才公开，迅速在海峡两岸广传，引发了一连串的文坛争议——谁是《哀乐中年》的真正编剧？宋淇、郑树森、苏伟贞认为《哀乐中年》是桑弧的构思，由张爱玲执笔；桑弧家人、龚之方、魏绍昌则坚持该剧本由桑弧单独创作；另有部分学者认为她只是"参与了写作过程"。一时间，桑弧家人、好友、学者及张学研究者各执一词，莫衷一是，留下一桩难以判定的"公案"。

1949 年初，桑弧执导的电影《哀乐中年》正在拍摄中。左二为桑弧，在教导各演员演出。

1990年9月30日，台湾《联合报》
在张爱玲七十寿辰刊登了《哀乐中
年》的剧本，作者署名为张爱玲。
图右下是郑树森教授公开揭露张
爱玲原是《哀乐中年》剧本的执
笔者。

1990年10月16日，台湾《联合
报》刊登了《哀乐中年》第十六
篇剧本，作者署名为张爱玲。

186

既大胆又创新

1949年4月21日，电影《哀乐中年》于上海首映，震惊中国电影界。它虽是二十世纪四十年代的影片，却有超前的爱情观，同时也讽刺了各种守旧及错误的观念，电影中还多处运用时间推移的技巧，让角色跟着情节成长发展，是一部跳出时代规范的电影。能有这出色及前卫的影片，有赖于编剧的创新思维及神来之笔，若不是电影注明编剧是桑弧本人，没有人相信这是他的创作。

《哀乐中年》被誉为中国电影史上最具分量的影片之一，片中以及文华影片公司的宣传刊物及电影本事上均将桑弧列为《哀乐中年》的编剧及导演，上海最畅销报章的电影广告上，更以大字印着桑弧为《哀乐中年》的编导。若张爱玲是《哀乐中年》的真正编剧，或只是编剧顾问，文华应该不会不署她的名字。但今次文华向外界声明她没有参与，与之前她编写两部电影《不了情》及《太太万岁》的剧本的处理方法不同。

张爱玲的好友宋淇断言，《哀乐中年》是桑弧构思，张爱玲执笔撰写。否则，无法解释为何该片在片名拟定、情节构思、人生经历、对白用字等方面都跟她以往的写作笔触相吻合。此说法源于1983年宋淇在接受张爱玲研究者水晶的采访："张爱玲的touch，桑弧写不出来，没那个灵气。我问过张爱玲，她说你不要提，你不要提。她大概和桑弧有相当的感情，帮桑弧的忙。"

梁京与叔红

或许女人对一类男人失望后，转而会喜欢另一类男人吧，张爱玲便是一个例子。与胡兰成相比，桑弧完全是另一类人。他性格内向，寡言敏行。张爱玲与桑弧合作了《不了情》《太太万岁》后，很快便互相倾慕，但是她对此忧虑重重，自觉配不上桑弧，因为他还没有婚配，自己却已经有过一段失败的婚姻。

桑弧将对张爱玲的爱一直埋藏心底，在两人交往的日子里，他谈到的只是电影及剧本，不轻易表露情与爱。他在爱情上不是一个勇敢的人，跟胡兰成相比，他对爱的表达懦弱得多。那么张爱玲心里爱不爱桑弧？读者在其半自传式小说《小团圆》里便可知一二。她在书中写道："雨声潺潺，像住在溪边。宁愿天天下雨，以为你是因为下雨不来。"这是书中女主角九莉的心理，她是张爱玲的化身，句中的"你"指的是燕山，即桑弧的化身。

1950年初，张爱玲在上海《亦报》以笔名"梁京"连载长篇小说《十八春》，翌年11月发行小说修订本单行本。"梁京"这笔名是桑弧替张爱玲改的，他没有向张解释，张猜是梁朝京城的意思，有"西风残照，汉家陵阙"的情调，指张爱玲的家庭背景，由此可知两人关系。桑弧曾用"叔红"这个笔名满怀深情地写了一篇《推荐梁京的小说》："我读梁京新近所写的《十八春》，仿佛觉得他是在变了。我觉得他的文章比从前来得疏朗，也来得醇厚，但在基本上仍保持原有的明艳的色调。同时，在思想感情上，他也显出比从前沉着而安稳，这是他的可喜的进步。"

不具名的可能原因

　　若张爱玲真是《哀乐中年》的编剧，或参与了写作过程，理应可在电影上具名，为何只写桑弧没写张爱玲？这可从她当时所处的政治环境来分析。抗日战争胜利后，她被指为汉奸之妻，她的作品被上海大多数报刊拒之门外。1947 年 12 月《太太万岁》上映前，编剧张爱玲原想避免任何误会或麻烦，主动表明自己所编的意图及目的，写了一篇《〈太太万岁〉题记》，寄给《大公报·戏剧与电影》周刊，刊出时编者洪深还在文后写了几句"编后记"，极力赞许她。不料反而引来左派文人对她的一场围攻式论争，直至 1948 年初洪深改写"编后记"后才停止。

　　张爱玲受过此等教训，加上当时国共内战已全面展开，上海的形势更加严峻。那时候文华影片公司本来打算再请她将其小说《金锁记》改编为电影，但最后在这风急浪高的政治环境下被迫放弃，已完成的剧本不知所终。1946 年才创办的文化公司，当时仍在发展初期，管理尚欠稳健，为保证其他影片能顺利拍摄和上映，也为了避免招惹任何政治风波，估计虽然张爱玲执笔《哀乐中年》的剧本，却要让她彻底放弃署名，并与桑弧共同保守此秘密。

1949 年 7 月，文华影片公司印制了《〈哀乐中年〉全部对白》本事，编导署名为桑弧。

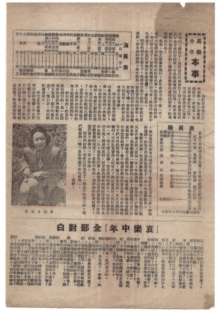

1949年7月8日，《解放日报》刊登了《哀乐中年》的广告，以大字印明桑弧为编导。

1949年7月10日，《解放日报》刊登了《哀乐中年》的广告，列明桑弧为编导，文华出品，并写有宣传字句："在平凡中见深刻，在轻松中寓沉痛"。

1948 年 7 月 24 日，中国电影出版社出版的《电影周报》上，印有题为《桑弧：〈哀乐中年〉》的短文，内容指"上期本刊说《哀乐中年》系张爱玲所编，这是一个小错误，《哀乐中年》实际是桑弧自己所编，而且已写好三分之一，这一个月中想把它杀青，开拍之期则排定在石挥导演的《母亲》之后，大概要在中秋左右了。"

桑弧：
「哀乐
中年」
佐临：
「錶」

文华公司导演桑弧继「太太万岁」后
新作已定「哀乐中年」，上期本刊说「哀
乐中年」系张爱玲所编，这是一个小错误
，「哀乐中年」实际是桑弧自己所编，而
且已写好三分之一，这一个月中想把它杀
青，开拍之期则排定在石挥导演的「母亲
」之后，大概要在中秋左右了。
佐临继「夜店」后新作，已定「錶」
，剧本由佐临自己写。

文华二新片

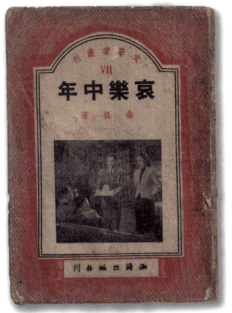

1949 年 2 月，上海潮锋出版社出版《哀乐中年》剧本，是"文学者丛刊"之七，作者为桑弧。该书后记的最后一段写道："我敢贸然把这么一个'毛坯'交给书店排印，是由于一位朋友的热心鼓励。"此处所指的朋友，也许是张爱玲。剧本出版时，片子尚未摄制完成，但现在拿剧本和电影比对，无甚差片。

1969 年 2 月 10 日，桑弧撰写一篇文章《交待我在1952 年前所编剧和导演的影片》，说到从影十多年来，他所编写或导演的影片共十二部，其中《哀乐中年》是他自己编剧兼导演的影片。图是 1969 桑弧的亲笔手稿。

首个笔名——世民

　　"出名要趁早啊"这名句出自张爱玲小说集《传奇》的再版序中，这句话显示她除了主张趁早追求成名的机会外，还希望自己的名字能牢记在读者的心上。她明白，若要出名，就要少用甚至不用笔名，否则读者怎么记得她这位与众不同的作者呢？所以无论发表小说、散文还是绘画作品，她都使用母亲从英文名 Eileen 音译过来的名字"爱玲"，从她结集在《流言》一书中的文章《必也正名乎》便可知一二。然而，张爱玲还是用过笔名的，还不止一个。

　　1946 年 6 月 15 日，上海一份《今报·女人圈》的副刊上有一篇名为《不变的腿》的文章，作者署名为"世民"。该文章总共 1380 字，主题为颂扬女性的大腿美。《女人圈》将其分为上中下三部分，于 6 月 15 日至 17 日连载三天。看到这个较男性化的作者名，有谁猜想到他／她是曾红遍上海的张爱玲？解开这谜底的人是一位署名为"春长在"的作家，他于 1946 年 6 月 26 日在上海《香雪海画报》第 1 期刊出一篇文坛消息《张爱玲化名写稿》，张爱玲的笔名"世民"才因此告于天下。

世民的来源

"世民"意为世代为民，出自《晏子春秋·外篇·下四》："晏子闻之，曰：'婴则齐之世民也，不维其行，不识其过，不能自立也。'"张纯一注解：晏婴虽世为大夫，但自称世为齐民，这是一种自谦。张爱玲以笔名"世民"写了《不变的腿》后不久，在上海《诚报》以本名发表文章《寄读者》，向读者提到她近一年来被攻击得非常厉害，听到许多很不堪的话，不少涉及她的出身，如"所谓有贵族血液的作家张爱玲""骨头奇轻自命贵族血液的张爱玲，现在已落魄了"，等等。

因此她反其道而行之，特别取了"世民"这一笔名以针对那些指责，并含蓄地表明自己虽然出身贵族，却只是一个普通的中国人，一个普通的中国作家而已。正如她在《传奇》增订本的跋《中国的日夜》中真诚地提及："我真快乐我是走在中国的太阳底下。我也喜欢觉得手与脚都是年轻有气力的。而这一切都是连在一起的，不知为什么。快乐的时候，无线电的声音，街上的颜色，仿佛我都有份，即使忧郁沉淀下去也是中国的泥沙。总之，到底是中国。"

Ли-Хунъ-Чангъ.

张爱玲取"世民"为笔名，意指世代为民。她虽然出于名门，外
曾祖父是晚清重臣李鸿章，但她自觉只是一个普通人，一个普通
的作家。图中明信片为北洋水师统帅、洋务运动领袖、晚清名臣
李鸿章。他从政之余，喜欢收藏书籍，其上海的丁香花园内有藏
书楼"望云草堂"。

《十八春》的梁京

  1950 年 3 月 25 日，一篇名为《十八春》的小说开始于上海小报《亦报》连载。该小说面世不久，读者数量急升，全都为追看《十八春》的故事，《亦报》销量大增。《十八春》作者名为"梁京"，一个陌生的名字，未曾在《亦报》或其他刊物出现，表面看来是一般新手作者。但是看过小说后，读者普遍觉得该作者的文笔老练，故事紧凑吸引人，能触动他们的情感要穴，认为作者的"功力"深不可测，冷中藏热，殊不简单。梁京究竟是谁？是男或是女，是老或是少？

  《十八春》是一部长篇爱情小说，故事发生在二十世纪三十年代的上海，女主角顾曼桢青春美丽，自爱自信自立，但家境贫寒，自幼丧父，一家人全靠姐姐顾曼璐抛头露面当舞女养活。一个偶然的机会下，曼桢认识了男主角沈世钧，他家境较佳，孝顺父母，对朋友热心，没有过骄奢淫逸的富二代生活。后来曼桢和世钧两人恋上了，世钧喜欢曼桢，欣赏她的刻苦耐劳和坚强不屈，口口声声说不在乎她的家庭背景，但受到双亲传统思想的压力，在世俗眼光前他还是退缩了。毕竟曼桢的姐姐当舞女不是一件光彩事，世钧表面上维护曼桢在他父亲心

1950 年 10 月 1 日，正值中华人民共和国第一次国庆，《亦报》以红色大字体印刷报刊名称，梁京的《十八春》第十三章（十）亦在同日刊登。

中的形象，本质上却对曼璐心存芥蒂，思想很矛盾。

曼桢和世钧最终分开了。两人的一段情纠缠了十八年。偶然下再遇见，曼桢面对世钧，只能苍白又无奈地说出："世钧，我们回不去了。"正如小说开始已写道："对于三十岁以后的人来说，十年八年不过是指缝间的事，而对于年轻人而言，三年五年就可以是一生一世。"

评梁京

《十八春》发表后不久，已有不少读者写短评、读后感想及推荐文章，从 1950 年 3 月 24 日（刊出前一天）至翌年 2 月 15 日（连载完后四天），共有六篇相关评论出现在《亦报》上：

1.《推荐梁京的小说》，叔红　　　　　（1950 年 3 月 24 日）

2.《梁京何人？》，传奇　　　　　　　（1950 年 4 月 6 日）

3.《〈十八春〉读后》，非日　　　　　（1950 年 9 月 11 日）

4.《与梁京谈〈十八春〉》，叔红　　　（1950 年 9 月 17 日）

5.《也谈〈十八春〉》，明朗　　　　　（1950 年 9 月 30 日）

6.《访梁京》，高唐　　　　　　　　　（1951 年 2 月 15 日）

在笔者的收藏品中，有张爱玲三十岁生日当天的《亦报》，副刊内除连载《十八春》外，还有一篇"明朗"写的《也谈〈十八春〉》。内文提到，有好心的太太哭着要教训及打骂梁京，而明朗则说："梁京笔下的曼桢，最后应该是健康的、愉快的，让那些哀愁、怅惘、惋惜掷给那个不彻底的、妥协的、爱面子的世钧去享受吧！"

尽管以上五位评论者均使用笔名撰文，其中部分却是有名有姓的人物。《〈十八春〉事件》的齐甘，原名徐淦，是《亦报》的专栏作者。《访梁京》的高唐，是《亦报》主编唐大郎。《梁京何人？》的传奇，估计是龚之方，他曾与唐大郎合办山河图书公司，出版张爱玲的《传奇》增订本。估计部分撰文者应认识作者梁京，且梁京与《亦报》关系密切。梁京究竟是谁？评论者叔红的两篇文章与梁京又有何关系？

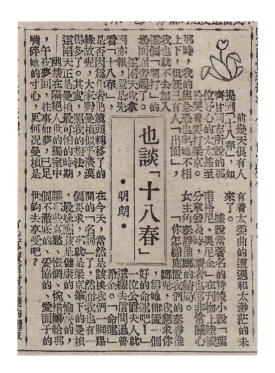

1950 年 9 月 30 日，张爱玲刚踏入三十岁，《亦报》当天的副刊上除刊有梁京的《十八春》小说外，还有一篇《也谈〈十八春〉》，署名为"明朗"。

200

叔红推荐

1950 年 3 月 24 日，《十八春》刊出前一天，叔红的文章《推荐梁京的小说》出现在《亦报》上，从标题便可看出叔红非常支持及欣赏梁京的《十八春》。叔红就是电影导演桑弧，他虽是电影人，在《亦报》上却不提电影，不写影评，反而推荐小说《十八春》，这便可知他与梁京的关系非常密切，当时有人猜测梁京便是张爱玲。

一向喜欢读梁京的小说和散文，但最近几年中，却没有看见他写东西。我知道他并没有放弃写作的意念，也许他觉得以前写得太多了，好像一个跋涉山路的人，他是需要在半山的凉亭里歇一歇脚，喝一口水，在石条凳上躺一会。一方面可以整顿疲惫的身心，一方面也给自己一个回顾和思索的机会。

梁京不但具有卓越的才华，他的写作态度的一丝不苟，也是不可多得的。在风格上，他的小说和散文都有他独特的面目。他即使描写人生最黯淡的场面，也仍使读者感觉他所用的是明艳的油彩。因此也有他的缺点，就是有时觉得他的文采过分秾丽了。这虽然和堆砌不同，但笔端太绚烂了，容易使读者沉溺在他所创造的光与色之中，而滋生疲倦的感觉。梁京自己也明白这一点，并且为此苦恼着。

就一个文学工作者说，某一时期的停顿对写作是有益的，这会影响其作风的转变。我读梁京新近所写的《十八春》，仿佛觉得他是在变了。我觉得他的文章比从前来得疏朗，也来得醇厚，但在基本上仍保持原有的明艳的色调。同时，在思想感情上，他也显出比从前沉着而安稳，这是他的可喜的进步。

　　我虔诚地向《亦报》的读者推荐《十八春》，并且为梁京庆贺他的创作生活的再出发。

《推荐梁京的小说》，叔红，1950 年

笔名由来

　　自 1950 年 3 月 25 日至 1951 年 2 月 11 日，小说《十八春》连载了近十一个月，超过二十八万字。它是一部扣人心弦的长篇小说，描写了新旧社会交替之际人性的苍凉以及人的喜怒和哀乐。有论者称赞《十八春》色调明艳，疏朗醇厚，思想感情沉着而安稳，不时还有警言妙语出现，自然吸引了万千读者。"梁京是何人"这话题更成为当时中华人民共和国成立之初的上海文坛热话。坊间猜测梁京是《亦报》的主编唐大郎，亦有人猜是徐訏，也有说是张恨水，更有人断定是张爱玲，一时间议论纷纷。

　　为纪念《亦报》创刊一周年，1951 年 11 月，上海亦报社出版《十八春》修订单行本，初版 2500 册，很快便售罄。后经改写，原《十八春》于 1967 年以《惘然记》为名在台湾《皇冠》月刊连载，1969 年改名为《半生缘》并出版单行本。

　　《十八春》连载完毕后，梁京自 1951 年 11 月 4 日起在《亦报》连载《小艾》，至 1952 年 1 月 20 日完结。当时作者梁京的身份虽已呼之欲出，却始终未曾正式宣告。这个谜底直至二十多年后才揭晓。1971 年，留美学者水晶先生采访已移居美国多年的张爱玲，她首次承认《十八春》是她的手笔，"梁京"是她的其中一个笔名。

水晶本名杨沂，江苏南通人，1954 年开始发表小说，1963 年创作的《爱的凌迟》获《现代文学》小说奖。他于 1967 年开始研究张爱玲小说，曾发表《张爱玲的小说艺术》《私语红楼梦》《替张爱玲补妆》等。他在 1973 年的著作《张爱玲的小说艺术》中，有一篇文章《蝉——夜访张爱玲》，提到关于"梁京"这笔名的往事：

在谈话进入正题后，张爱玲首先告诉我，她也有一个笔名，叫梁京。梁山伯的梁，京城的京。因为从前我在信里问过她，弄错了，以为叫萧亮。

水晶还提及当年《十八春》在上海《亦报》连载时，曾引起一阵轰动。张爱玲说，当时有个跟曼桢有同样遭遇的女子，从报社那里探悉了她的住址，寻到她居住的公寓来，倚门大哭。这使她感到手足无措，幸好那时她跟姑姑住在一起，姑姑下楼，好不容易将那女子劝走了。2014 年，宋以朗在《宋淇传奇——从宋春舫到张爱玲》中提及，张爱玲曾向宋淇说过她的笔名"梁京"的由来：

梁京笔名是桑弧代取的，可惜桑弧没加解释，张爱玲相信梁京代表梁朝京城，有"西风残照，汉家陵阙"的情调，指张爱玲的家庭背景。

导演桑弧能替张爱玲改笔名，估计两人已超越普通朋友的关系，但碍于张爱玲与胡兰成的前事，桑弧难以放开，他的家人更难以接受，两人最终有缘无分，未能走到一起。

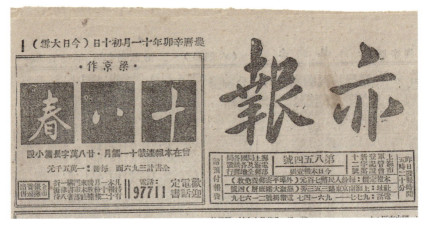

1951年12月8日，上海《亦报》头版印有《十八春》的预订广告，写有"曾在本报连载十一个月·廿八万字长篇小说"。全书共计 396 页，每册售 15000 元 ①。

---

① 第一套人民币发行时，10000元面值的纸币只值1块钱。

1951年11月，亦报社出版梁京的《十八春》单行本，全书396页，共28万字，初版共2500册。图为《十八春》的封面。

1951年11月4日，上海《亦报·副刊》刊登张爱玲以笔名梁京撰写的中篇小说《小艾》。

1969 年 3 月，皇冠杂志社出版了张爱玲由旧著《十八春》改编而成的《半生缘》小说，封面画有小说的两位主角。

许鞍华继 1984 年执导电影《倾城之恋》之后，于 1997 年执导了张爱玲的另一部作品《半生缘》，9 月 12 日在香港首映。电影《半生缘》改编自小说《十八春》，黎明及吴倩莲分别饰演男女主角沈世钧及顾曼桢。图为《半生缘》的海报。

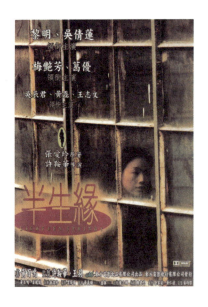

《半生缘》的宣传海报，印有"张爱玲原著，许鞍华导演"。

霜庐三译毛姆

2015 年是张爱玲的九十周年诞辰，笔者那年在旧书拍卖网站淘到了十多本声称全部刊有张爱玲文章的旧的上海文学期刊，其中数本我特别喜欢，包括二十世纪四五十年代发行的《万象》《紫罗兰》《杂志》《天地》及《大家》，上面刊有她的成名作及其他精彩作品：《爱》《心经》《连环套》《红玫瑰与白玫瑰》《沉香屑 —— 第二炉香》《封锁》《华丽园》等。

多出一本《春秋》杂志

张爱玲早期发表的文章及小说后结集成书，收录在《传奇》《流言》中，深得读者欢迎。除了上述的期刊，当中还有一本名叫《春秋》的文学杂志（第 5 年第 6 期）。但看遍整份刊物的目录及文章，都找不到张爱玲的作品，我即时产生疑问，但又感觉卖家不会弄错。

于是我发邮件向卖家查询，他指这批刊物来自一位杂志收藏家，因对方急需用钱才肯割爱出让。我欲再查询杂志收藏家的联络方式，

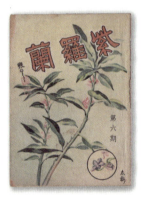

2015 年，笔者在旧书拍卖网上获得十多本号称全刊有张爱玲有关文章的旧上海文学期刊。其中 1944 年 11 月 1 日出版的《天地》第 14 期（上中），封面由张爱玲设计，以绿、紫、白三色画有面向天的菩萨，令读者印象深刻，该期还刊有张爱玲的散文《谈跳舞》。

可惜卖家并不知道，线索一下子便断了。只好再仔细翻阅《春秋》，看看能否找出一些与张爱玲有关的蛛丝马迹来。

这本 1948 年出版的《春秋》月刊（11 月号及 12 月号合刊）是 28 开本，共 140 页，封面以红、黄、黑三色印刷，内页则以单一黑色印刷。封面上方和下方画有牛耕田、齐插秧、好收成、玩儿乐等漫画。封面中央位置以较大的红色隶书字体写了《春秋》的刊物名称，设计分外吸引人。

编辑之一刘以鬯

《春秋》于 1943 年 8 月 1 日创刊，初期由陈蝶衣任主编，至 1948 年由柯灵一手提携的作家沈寂接任，发行人为冯葆善，由春秋杂志社出版。它是集文学、小说、电影、艺术等于一身的综合性刊物。《春秋》的本地经销处有上海五洲书报社、天下书报社、中央书局等，外地经销处有南京、苏州、无锡、杭州、宁波、武昌、重庆、天津、北京、香港、台湾、安南堤岸（胡志明市）、马尼剌（即马尼拉）、新加坡及怡保等。香港则由大公书局及新知书店作分销商，销售网覆盖海峡两岸及东南亚一带，可见《春秋》在当时深得读者欢迎。

翻开《春秋》，拉页目录上列有八大栏目，分别为专论、人物、随笔、小说、影剧、内幕、通讯及艺术，每个栏目分别邀请巴金、郑逸梅、张恨水、徐订、石琪、沈寂、萧群、董今狐等名家参与，正是百花齐放、百家争鸣，文章深受读者欢迎。目录旁列有编辑的名字，包括沈寂、徐慧棠、蓝依，还有被誉为"香港文坛教父"的刘以鬯。

刘以鬯曾说在上海认识了张爱玲，编过她的文章，但在杂志目录上却找不到她的名字，莫非她用了笔名？当时政治环境复杂，大部分作者不以真名示人，只署笔名，单凭笔名来判断作者的身份非常不准确，必须看过内文，比对以往写作手法、用字及行文，这样才比较中肯。细阅该期文章，其中一篇名叫《红》的小说有众多地方疑似张爱玲的笔踪。

《红》

杂志第84页的小说名叫《红》，它的题头画比较特别，画的是一名垂下头来的男子，坐在周围布满花草的地方，男人之上留了部分空白位置，却没印作者的署名。目录上此小说的作者署名是"霜庐"！谁是霜庐？是男是女？是真名还是笔名？《春秋》上没有任何介绍。

这篇《红》被编到小说栏目里，前面有马彬的《红墙》、徐淯的《沉鱼》、鲁彦的《家具出兑》，《红》之后有田青的《恶夜》及费明君译的《动荡》。初看这篇小说《红》，觉得它不像当时中国文人的作品，反而极像翻译小说，主要描写在太平洋一带发生的爱情故事，围绕船长（阿红）、尼尔逊和赛莱三人发生的故事。作者的笔触深刻地揭示了人性中虚荣和世俗的一面，殊不简单。令人感受最深刻的是作者的格言警句，一针见血，三言两语就把人性给剖开了！以下的精彩选段，已令人叹为观止。

1943 年 8 月 1 日，陈蝶衣任主编的《春秋》创刊，1948 年由沈寂接任。图为 1948 年 12 月 1 日出版的 11 月号及 12 月号的《春秋》合刊。

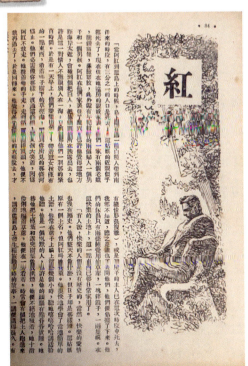

1948 年 12 月 1 日的《春秋》刊登了一篇名为《红》的翻译小说。

恋爱的悲剧不是死别，也不是生离。你想两口儿互矢爱好的时间能够维持多久？喔，譬如说，有一个女人，是你所全心全意爱着的，所以你觉得她一刻也不能离开你，可是当你知道如果今后你不再见她，也不会牵挂时，你望着她，这是多么惨痛呀。恋爱的悲剧便是无动于衷。

有人说，快乐的人们是没有历史的，当然，快乐的爱情也没有历史。他们整天不做什么，但日子却是那样短。

原文作者应该是英国著名作家毛姆（W. Somerset Maugham），这是他于 1921 年撰写的短篇小说 *Red*。

神秘的霜庐

那译者霜庐是谁？这位译者必定对毛姆的作品有一定的认识，知道毛姆常以讥嘲的态度看人生，作品充满浓厚的揶揄意味，处处显示机智与巧妙，却又能雅俗共赏。有人猜译者或是刘以鬯，他在 1941 年于上海圣约翰大学毕业，曾接触大量西方文学，包括狄更斯、托尔斯泰、海明威、毛姆等名家的作品。毛姆的小说内容、写作技巧与文字，对刘有很大的启发，影响了他日后的创作。

有读者认为霜庐是张爱玲，因她亦曾入读上海圣约翰大学，在香港大学攻读文学院时，还修读翻译，受过老师陈君葆的悉心教导。在学习过程中，毛姆对她的影响相当大，领她认识了英国文学的机智与幽默，特别是毛姆式的尖锐机智及讥讽幽默。她的成名作《倾城之恋》中，范柳原对白流苏说"最无用的女人是最厉害的女人"，尽显毛姆的影子!

大部分读者不认同霜庐是刘以鬯的笔名,却不敢断定是不是张爱玲,也无法否定是其他翻译家的可能,这谜团怎么解开呢?

隐藏在《幸福》中

再次翻阅这本《春秋》,竟然在第 102 页又看到"霜庐"这名字,他不是隐藏在人物传记中,也不是化身为小说主角,而是出现在广告目录上。"霜庐"这个可解为"霜白色般的简陋居室"的名字,出现在《幸福》第 22 期的目录上,是散文《牌九司务》的译者。

为寻找这期《幸福》,探究《牌九司务》这篇文章以及揭开谁是霜庐这个谜题,笔者在内地、香港和台湾的二手书店、旧书网及拍卖网,包括新亚图书中心、老总书房、梅馨书舍、森记图书、茉莉书店、淘书网、孔夫子旧书网、eBay、Yahoo 拍卖网、台湾露天拍卖网、奇摩拍卖网等进行了地毯式搜索,务求找到这本《幸福》。

经过数月的努力,可惜只能找到前后数期,唯独欠缺第 22 期。从拍卖商处得知,一年半前,一内地人曾在内地拍卖网上成功取下该期。我便带着不妨一试的心情以微信及邮件找他,可惜他说现在不卖,无论出多少价钱都不会出售。我顿感失望,唯有祈求幸运之神降临身边,等待机会再度出现。

毛姆为英国著名作家，代表作有《人性的枷锁》《月亮和六便士》《面纱》等。1921年发表短篇小说 *Red*。张爱玲崇拜毛姆，是他的忠实粉丝，决定选译他的文章。1954年，英国女王授予毛姆"荣誉侍从"的称号；在丘吉尔的推荐下，女王还授予他荣誉勋爵头衔。

1948年10月30日，环球出版社发行《幸福》第22期，主编为汪波（即沈寂），刊有毛姆的短篇小说《牌九司务》，译者为霜庐，即张爱玲。

刊于《幸福》杂志第22期的《牌九司务》。

214

从杂志主编找线索

虽无法得到《幸福》第 22 期，笔者仍买下了其他数期参考，没想到竟从中找到 1947 年刘以鬯发表的首篇小说《失去的爱情》，真兴奋不已！根据文献记载，刘以鬯最早的中篇小说《失去的爱情》写于 1947 年中，灵感来自奥国小说，是他编"怀正文艺丛刊"时的试笔。在撰写该小说期间，刘以鬯还抱病在身，在后记中他自谦草率完稿，但主编汪波（沈寂）则认为"刘以鬯的文章佳丽，故事动人，定获读者欢迎"。提到《幸福》的主编沈寂，我立即猜想霜庐那篇《牌九司务》或许也是由他编辑的，若然猜想没错，或可从沈寂身上寻找到霜庐是谁。

沈寂 1924 年生于上海，浙江奉化人，原名汪崇刚，另有笔名汪波、谷正櫆。1942 年，在复旦大学就读二年级的时候，他在顾冷观主编的《小说月报》上发表首篇小说《子夜歌声》，受到外界很多正面评语及鼓励。1943 年，沈寂在柯灵主编的《万象》第 3 年第 3 期 9 月号发表了小说《盗马贼》，得到柯灵的好评。柯灵在该期刊后记之《编辑室》中写道："这里想介绍的是《盗马贼》，它似乎有若干处很像端木蕻良的《遥远的风砂》，但细读之下，作者自有其清新的风致。沈寂先生是创作界的新人，这也是值得读者注意的一点吧？"

当时，张爱玲的小说《心经》与沈寂的《盗马贼》同时刊登在《万象》第 3 年第 3 期的 9 月号上。张爱玲以往创作了各式各样的人物，他们有不同的性格及人生。尽管在细节上不尽相同，还是可以在这些人物身上找到一定的共性。《心经》讲述许小寒与父亲许峰仪相爱的畸恋故事，冲击了常人的道德界限。在柯灵眼中，张爱玲与沈寂是《万象》的重要青年作者，他们的潜力无限。

《传奇》集评茶会记

1944年8月26日下午3时，杂志社在上海康乐酒家主办了一场张爱玲《传奇》集评茶会，出席代表有鲁风和吴江枫，《新中国报》记者朱慕松则作记录，被邀出席者除作者张爱玲外，还包括沈寂、炎樱、南容、哲非、袁昌、陶亢德、尧洛川、实斋、钱公侠、谭正璧及苏青等。

座谈会由杂志社的吴江枫主持，他的开场白简洁扼要："此次邀请诸位，为的是本社最近出版的小说集《传奇》，销路特别好，初版在发行四天内便已售光，现在预备再版，因此请各位来作一个集体的批评，同时介绍《传奇》的作者张爱玲女士与诸位见面，希望各位对《传奇》一书发表意见，予以公正的与不客气的批评，如有缺点，也请提出来，在作者和出版者方面，都非常欢迎。"

当时沈寂跟张爱玲是初次见面。张爱玲涂了口红，穿上橙黄色的绸底上装，像《传奇》封面那样蓝色的裙子，头发在鬓上卷了一圈，其余的便长长地披下来，戴着淡黄色玳瑁边的眼镜，沉静而庄重。年方二十的沈寂直言不讳地说《金锁记》里的"七巧"是心理变态，在封建年代受尽压迫，再将这种压迫压向子女。另外，在《倾城之恋》中，男主角范柳原是留学生，女主角白流苏没受过高等教育，但流苏说话俏皮、敏捷，好像不是她所能说的，而是张女士自己在借她的口说话似的，这点似乎不大适当。

在康乐酒家举行的《传奇》集评茶会上，沈寂没有给张爱玲留下好印象，他的发言里存有"心理变态"四个字。初次认识沈寂，张爱玲注意到他的敢言作风。后来，杂志社的吴江枫把张爱玲的不快转告沈寂，他才知道自己的直言害事了。在吴江枫的建议下，沈寂决定登门拜访解释。他们一同去了赫德路195号的常德公寓，电梯直达六楼张爱玲的香闺，他们东拉西扯，说说笑笑，终于冰释前嫌。沈寂这才算真正结识了比他年长四岁的张爱玲，正是不打不相识。

刘以鬯让贤

抗战胜利后，年轻有为的沈寂应环球出版社邀请主编《幸福》杂志，他对《幸福》的封面非常重视，每期以不同主题作设计，多色印刷，装帧精美别致，受到广大读者欢迎。《幸福》出版第2期时，沈寂获知刘以鬯在战时的重庆自办周刊，亦称为《幸福》，想在上海复刊。由于刘以鬯的周刊早已在中国登记，比沈寂那本同名杂志早得多，若刘以鬯采取行动，沈寂势必面临侵权的不当行为，他的《幸福》或因此停刊。

为免他主编的《幸福》杂志遭停刊，沈寂和环球出版社发行人冯葆善想出一个补救办法，在杂志名"幸福"之后加印较小的"世界"二字，从第3期起将杂志改名为《幸福世界》。杂志改名后过了一段时间，他安然避过被起诉的可能，然而刘以鬯的《幸福》周刊却未有复刊。原来，刘以鬯认为无论在内容还是印刷质量上，他的《幸福》

都不及沈寂的《幸福》，最后他决定让贤，放弃复刊的打算。沈寂知道这消息后，识英雄重英雄，不但与刘以鬯结为好友，还邀他成为《幸福》编辑团队中的重要一员，而《幸福世界》亦从第20期开始改回原名《幸福》。

沈寂于1949年举家赴港，出任香港永华影业公司的电影编剧，自此步入香港电影界，但受到政治风波影响，于1952年返回内地继续发展。

译者霜庐的身份

1948年，主编沈寂为了加强《幸福》杂志的可读性，除原有的人物传记、小说、文学、艺术、影剧栏目外，还添加了翻译文学一栏。他与发行人冯葆善不但同邀刘以鬯加入编辑团队，更找来张爱玲翻译一些出色的外国文学作品。

张爱玲中学时期在"重英轻中"的圣玛利亚女校就读，中学毕业后到香港大学文学院读书，虽因战事未能完成大学课程，但港大孕育了她一身的文学天才。她爱好外国文学，加上个人后天苦练，英文功底扎实，因此翻译能力很强，英译中和中译英都不在话下。

张爱玲偏好英国文学作品，是著名作家毛姆的忠实粉丝。追溯两人的童年及身世，发现张爱玲和毛姆之间存有相似性，且都以冷眼旁观世界为写作方式。她在1943年曾于《二十世纪》(*The Twentieth Century*)英文月刊发表首篇英文文章 *Chinese Life and Fashions*（后译为《更衣记》），文章优雅别致，既见文采，又显露作者经营意象的不凡功力。

中国抗日战争胜利后，张爱玲被指为汉奸之妻，甚至被称为女汉奸，以致她的著作被上海的大多数报刊拒之门外，因此她不得不以笔名写作。1948年10月30日，她以笔名霜庐于《幸福》杂志第22期发表了首篇翻译文章，名叫《牌九司务》，原作者是英国作家毛姆。"牌九司务"意指"专以欺人的手法与人赌纸牌为生的人"。2019年，一次偶然的机会，笔者竟在内地的旧书网再遇《幸福》杂志第22期，最终以合理价钱拥有了此珍本。

张爱玲接着于同年在《春秋》10月号及12月号，以笔名霜庐再将毛姆的短篇小说 *Red* 翻译为《红》，又称《红毛》。可惜《红》的翻译工作只完成了三分之二，传闻因张爱玲赶交电影《哀乐中年》的剧本，其余的三分之一需由沈寂急急补译，但在续篇正文标题中漏印了译者霜庐及作者毛姆的名字。1949年2月20日，在《春秋》2月号（第6年第2期）上，张爱玲再以笔名霜庐三译毛姆的《蚂蚁和蚱蜢》（*The Ant and the Grasshopper*），获得不少读者赞赏及欢迎。

得以发现张爱玲的笔名霜庐，多亏了一位旧书刊爱好者韦泱（本名王伟强），他曾在2009年采访沈寂。沈寂与张爱玲交往多年，他透露张曾以霜庐为笔名，翻译毛姆的作品《红》《蚂蚁和蚱蜢》等。2018年3月，高丽和张瑞英合编文章《"霜庐"张爱玲及几篇佚文的考证》，才得以确定霜庐是她的其中一个笔名。

范思平与《老人与海》

    海峡两岸的旧书拍卖会上，每有金庸、董桥、张爱玲、刘以鬯、叶灵凤等作家的早期著作拍卖品，都会吸引大批收藏家、藏书家甚至投资者前来竞投。近年来，这些藏品的拍卖成交价屡创新高，每次不到最后竞价都不知鹿死谁手，拍卖现场气氛热烈。胜者赢得心头好固然高兴，败者难免心有遗憾而决心下次再战，观看者因见证一场激战而拍掌，拍卖官为主持了成功的拍卖而兴奋。

    2018年11月的新亚拍卖会上，有一本1952年香港中一出版社出版的《老人与海》(*The Old Man and the Sea*) 中译本。在"暗标"拍卖中，这份拍卖品最后以高出100港元底价的二百多倍成交，胜出买家需付费用连佣金共23690港元，令人咋舌。坊间有书友产生疑问，为何海明威的《老人与海》中译本的暗标价竟会如此高，市场上其他的同名译本只售数十港元或至多百来港元，买家是否下错价了？千金难买心头好，这心头好"好"在哪里？

海明威的得奖作

《老人与海》是海明威的代表作，1952年9月1日在美国杂志《生活》（*Life*）上发表，杂志开售48小时内竟售出超530万册，创了美国销量纪录。同月推出《老人与海》单行本初版共5万册。两年后，他更因这小说获诺贝尔文学奖，尊定了他在世界文学史上的地位。

文首提到的那本成交价极高的《老人与海》中译本初版，译者署名为"范思平"，小32开本，正文有105页，版权页印上初版字眼，正文前有《海明威》一文共两页，文末写"译者代序"，另有作者简介。封面以蓝及白作主色，上有海明威的画像、船上的渔夫和巨鱼。该书出版后，大家只知道作者是海明威，却甚少人留意译者范思平，更不清楚译者是男或是女，只知道他文笔流畅细致，将原著的人生哲理表现无遗。究竟谁是范思平？此版本的存世量估计不超过五本。物以稀为贵，自然吸引了众多收藏家和藏书家，拍卖价必定抢高。

1954年5月，香港中一出版社发行《老人与海》再版，译者仍是范思平，同为小32开本，封面图案也与初版一样，但作者、译者及出版社名称的位置稍有不同，所知存世稀有。

1955年5月，香港中一出版社出版《老人与海》第三版，亦是小32开本，正文126页，译者已改写为"张爱玲"，正文前仍有《海明威》一文，但文末已没有"译者代序"四字，另新加一篇两页的序。

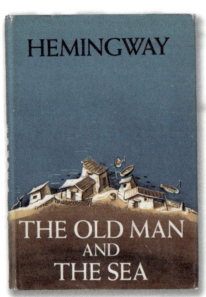

1952 年 9 月 1 日，海明威的小说 *The Old Man and the Sea* 于美国《生活》杂志发表，同月推出单行本。

1952 年 12 月，香港中一出版社发行《老人与海》中译本初版，译者范思平，即张爱玲。

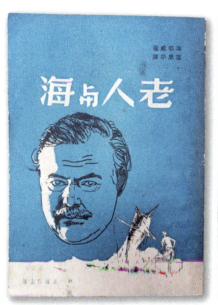

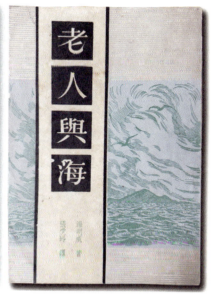

1954年5月，中一出版社发行《老人与海》（第二版）。作者、译者及出版社名称的位置与初版不同，译者仍是范思平。

1955年5月，中一出版社出版《老人与海》中译本第三版。书内张爱玲写的序言注明日期为1954年11月，序中提及书中有许多句子貌似平淡，实则充满了生命的辛酸，她担忧自己的译笔未能传达出原者淡远的幽默与悲哀，以及文字迷人的韵节。

香港中一出版社出版的《老人与海》中译本，著者海明威，译者范思平，每册售一港元。译本没有列明出版日期及版次。

谁是范思平

当《老人与海》第三版出现张爱玲的名字后，坊间议论纷纷，有人认为之前的译者范思平就是她，亦有人认为范思平只是一个普通译者，另有人指张爱玲曾主张"出名要趁早"，不会以另一名字代替。

提出"范思平"为张爱玲笔名的是刘以鬯，他在1997年主编的《香港短篇小说选（五十年代）》收录了张爱玲的短篇小说《五四遗事——罗文涛三美团圆》，其中的作者简介提到张爱玲的笔名有梁京、范思平等。台湾学者单德兴在其文章《含英吐华：译者张爱玲——析论张爱玲的美国文学中译》和《钩沉与出新——〈张爱玲译作选〉导读》中均指出她是《老人与海》的译者，其署名为范思平。

1991 年 6 月，宋淇在致台湾皇冠出版社编辑的信中披露，翻译《老人与海》的范思平就是张爱玲。1951 年，宋淇开始在香港的美国新闻处译书部任职，他记下 1952 年认识张爱玲以及张翻译《老人与海》的经过：

不久接到华盛顿新闻总署来电通知取得海明威《老人与海》中文版权，他和我商量如何处理。我们同意一定要隆重其事，遂登报公开征求翻译人选，应征的人不计其数，最后名单上赫然出现张爱玲。我们约她来谈话，印象深刻，英文有英国腔，说得很慢，很得体，遂决定交由她翻译。其时爱玲正在用英文写《秧歌》，她拿了几章来，麦君①大为心折，催她早日完稿。

虽然已经确定范思平就是张爱玲，但此笔名的来历、出处和含义，以及她为什么以这笔名取代真实名字仍是悬案，她生前亦从未透露，至今还是一个谜。

全球最早的中译本

老渔夫圣地亚哥在海上连续八十四天没有捕到任何鱼，到了第八十五天，他一清早就把船划出很远，并出乎意料地钓到了一条比船还大的马林鱼。老渔夫和这条巨鱼周旋了两天两夜，受伤的鱼在海上留下了一道腥踪，引来了鲨鱼的争抢及咬食，最后这条马林鱼只剩下一副巨

---

① 当时文化部主任麦卡锡（Richard M. McCarthy）。

大的骨架，老人也精疲力尽地一头栽倒在地上。

以上是《老人与海》的内容简介，故事改编自 1935 年一位老渔夫跟海明威讲述的真实故事。老渔夫展现了一种不屈不挠的精神，小说热情歌颂了他在困难面前毫不气馁、勇敢、顽强、坚毅不拔的英雄气概。张爱玲在《老人与海》第三版的译者序中写有以下观感："老渔人在他与海洋的搏斗中表现了可惊的毅力 —— 不是超人的，而是一切人类应有的一种风度，一种气概。"

张爱玲为全球首位把《老人与海》翻译成中文的译者，比余光中、吴劳、海观还要早。很多人猜张爱玲一定热爱海洋，所以才第一时间选了海明威的《老人与海》来翻译。但事实不是这样的，她不喜欢一望无际的海，可以说对蔚蓝的海洋毫无好感。

张爱玲在序中写道："我对于海毫无好感。在航海的时候我常常觉得这世界上的水实在太多。我最赞成荷兰人的填海。捕鲸、猎狮及各种危险性的运动，我对于这一切也完全不感兴趣。所以我自己也觉得诧异，我会这样喜欢《老人与海》。这是我所看到的国外书籍里最挚爱的一本。"

一种孤寂

笔者翻阅 1966 年 7 月出版的《明报》月刊第 7 期，看到香港作家简而清在上面撰文介绍新书《爸爸海明威》（*Papa Hemingway*），作者为霍奇纳（A. E. Hotchner）。霍奇纳是位传记作家，他于 1948

年认识海明威，两人成为好朋友，直至海明威逝世。内文提及，海明威生于美国伊利诺伊州芝加哥市郊区的奥克帕克。他一生中的情感经历错综复杂，先后有过四次婚姻。他曾荣获不少奖项：第一次世界大战期间参战，获意大利授予的银制勇敢勋章；1953年以《老人与海》获得普利策小说奖，1954年再凭此小说夺得诺贝尔文学奖。他被认为是二十世纪最著名的小说家之一，登上了文学最高荣誉位。

《老人与海》中有句名言："一个人能被毁灭，但不能被打败。"海明威晚年却在爱达荷州的家中自尽身亡，令人震惊。他生前给人的印象是个硬汉，雄赳赳的，他的死是一个谜。对于他最后十四年的生活，《爸爸海明威》描绘得相当详尽，读者或可从书中找到他选择自尽的一些端倪。该书刚出版时，海明威的遗孀玛丽（Mary Welsh Hemingway）曾在美国控告该书的出版人和霍奇纳，理由是书中涉及太多个人隐私，但法庭最后判定诉讼理由并不充分。那场官司无形中替此书作了太大的宣传。

许多学者认为《老人与海》是一篇寓言，阐明了海明威对作家和写作的看法。小说中用了多方面的比喻来表现他本人的创作生涯，阐明了作家的艰苦创作过程。作者把渔夫比作作家，捕鱼术代表写作艺术和技巧，大海比喻文坛，大鱼则是伟大的作品。海明威认为作家应离群索居，锲而不舍，正如《老人与海》中一个老人独自在湾流中捕鱼直至故事终结。他曾说："写作，在最成功的时候，是一种孤独的生涯。"这正与张爱玲的孤寂生活不谋而合。

世上的孤独有千万种，无论是年少时的孤芳自赏，抑或年老时的离群索居，张爱玲能驾驭孤寂及悲凉的状态，让人不禁心生敬佩。

1972 年 1 月，今日世界社出版的《老人与海》，译者为张爱玲，序的中译者为李欧梵，封面设计及插图绘者是蔡浩泉。

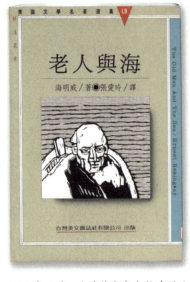

1988 年 6 月，台湾英文杂志社有限公司出版《老人与海》中译本，译者为张爱玲，序的中译者为李欧梵。

2012 年 3 月，北京出版集团公司与北京十月文艺出版社联合出版张爱玲译的《老人与海》简体版。这是张爱玲的译作首次在中国内地出版。

从"张爱珍"到"爱珍"

张爱玲早就标榜过"出名要趁早",但因与胡兰成的关系,曾受外界及文坛的负面抨击,不得不以笔名来掩饰身份。再加上她还遇过别人的冒名伪作,因为爱惜羽毛,她便以笔名代之。

张爱玲曾在不同时期以世民、梁京、霜庐、范思平这四个笔名发表文章及译作,前三个笔名是她在上海时期使用的,只有"范思平"是她在香港时用的。至于张爱玲还有没有其他笔名,张学研究者、张迷及读者一直都想知道。在张爱玲百岁诞辰之际,埋藏超过半世纪的张爱玲笔名"张爱珍"和"爱珍"及其译作《海底长征记》(*Submarine*),终在笔者与香港资深传媒人郑明仁兄联手合作考究下得以揭晓。

《海底长征记》的译者

2020 年 5 月 19 日的上午,郑明仁在手机上传了一张由九龙旧书店拍摄的《海底长征记》书影给笔者,他提到该书的译者是"爱珍",

问"爱珍"是否是张爱玲？这本《海底长征记》的中译本，笔者年前曾在一份美国出资、香港编辑的《今日世界》月刊之新书介绍专栏中读过，作者为比齐（Edward L. Beach），译者为爱珍，由香港《中南日报》印行。小说主角是身经十二次战役的比齐艇长，他回忆了率领潜水艇队出海作战的遭遇，是第二次世界大战期间真实的海底战斗记录。笔者记得此书的译者名叫"爱珍"，全因它是一个很特别的女性名字，估计是译者的笔名。

初时，本人曾猜爱珍可能是张爱玲，因爱珍的"珍"字乍一看很像"玲"字，而且《海底长征记》的封面上以"珍"的异体字"珎"代替，"珎"字看来更像"玲"字。《今日世界》的书评上写道："中文本的译笔很流利。可惜有四十五处校对大意的地方。好在书尾有勘误表。"看过这评语，笔者打消了之前推测译者是张爱玲的念头，因她以慢工出细活见称，译作不会粗心大意。当郑明仁传来《海底长征记》的封面图片时，笔者即时对他说："早已看过这书的封面，似乎不像张爱玲的译作，若要确定'爱珍'是否是张爱玲，一定要有凭证或文献记载，而且因为始终未看过原书及读过内容，很难在短时间内确定。"

为了寻找真相，笔者与郑明仁便约定往九龙旧书店看看。到达书店后，店长廖隽然已准备好了《海底长征记》。简读过书，看过版权页，还有勘误表，已有基本的了解。勘误表上的四十五个错处绝大部分是印刷工人执错字粒所致，例如"烁烂的阳光"（误）应为"灿烂的阳光"（正），"加足马功"（误）应为"加足马力"（正），"近在呎尺"（误）应为"近在咫尺"（正），等等。在该书的《卷首语》上，笔者留意到以下字句：

这一篇可歌可泣的动人故事，是第二次世界大战期间的写实记载。于1954年5月6日起在本报综合版"中南海"连续刊载，将及三阅月。全文长逾十二万字，译笔简洁流畅，深受读者欢迎。兹应各方纷纷要求，特提前出版单行本，想读者均以先睹全豹为快也。

《中南日报》，1954年8月

从以上卷首语来看，显然《中南日报》是最重要的线索。笔者便着手从《中南日报》开始研究，尝试找出一些别的线索来。初文出版社出版的《看路开路——慕容羽军香港文学论集》中的其中一章《谈〈中南日报〉》提到，《中南日报》于二十世纪五十年代创办，办报目的是救济逃港的华南知识分子，所以定名为"中南"。当该报有了经费和名称后，便组成了《中南日报》董事会，以江浙的文化界人士丁中江为董事长，广州著名报人陈锡余为报社社长。参与报社主要工作的人有梁苦义、李少穆、严南力、梁风、萧麟等当年广州报界知名人士，他们分别担任社长、副社长、总经理、总编辑、编辑主任、采访主任等职位，慕容羽军则担任副刊编辑。

《海底长征记》中译本，作者比齐（Edward L.
Beach），译者爱珍（即张爱玲），于 1954 年
8 月由香港《中南日报》印行。

《海底长征记》版权页，清楚注
明译者是爱珍，出版方为《中南
日报》，1954 年 8 月初版。

二十世纪五十年代，《今日世界》杂志刊登了一篇向读者介绍《海底长征记》的书评。

慕容羽军与张爱玲的缘

笔者猜测，慕容羽军作为《中南日报》的副刊编辑，应知悉二十世纪五十年代《海底长征记》的出版事宜及译者资料，便试从他那里寻找他曾否与张爱玲有交往。慕容羽军生于1925年，广州人，原名李维克，又名李影。他堪称文化界的一代宗师，桃李满天下，可与文学泰斗刘以鬯齐名。他少年时期曾参加对日作战战地服务，进出湘桂战场。战后从事新闻工作。二十世纪五十年代，他南来香港，曾于中学及大专院校执教，历任《文艺新地》执行编辑、《少年杂志》主编、《东海画报》总编辑、《中文星报》总编辑、《工商日报》副刊主编及《中南日报》副刊编辑。先后出版文学理论、散文、小说、新旧诗词达三十余部，著名作品有《岛上笺》《为文学作证》《论诗》《诗僧苏曼殊评传》《浓浓淡淡港湾情》《长夏诗叶》《星心曲》《山顶一缕云》《白云故乡》和《瘦了，红红》等。

笔者联络郑明仁，询问他是否认识慕容羽军或他的朋友，经此一问不得了！原来郑的中学老师卢泽汉（即卢文敏）是慕容羽军的高足，也就是说，郑明仁的师祖便是慕容羽军。郑明仁向年近八十岁的卢老师打听师祖在《中南日报》工作期间是否曾邀请张爱玲写稿。虽然年代相距甚远，但卢老师的记忆还很清楚，他说虽没亲耳听过慕容老师说过，但他的著作《浓浓淡淡港湾情》曾提及怎样认识张爱玲，可找来研究。

《我所见到的胡兰成、张爱玲》

笔者幸得初文出版社社长黎汉杰的协助，在其书仓中找到了慕容羽军于 1996 年 3 月出版的《浓浓淡淡港湾情》，书中第 133 页上刊有一篇文章《我所见到的胡兰成、张爱玲》，提到慕容羽军认识张爱玲是一次偶然。某天，他到《今日世界》的编辑部探望朋友，碰巧张爱玲来了，朋友礼貌地作了例行介绍，彼此打过招呼便认识了。那时候他正替朋友的一本周刊集稿，因为是小本经营，付不起高稿费，从来不敢向张爱玲这一类作家邀稿。

之后，慕容羽军转到《中南日报》工作，他在《今日世界》的朋友谈起张爱玲的译稿交得很准时，已经积存了三部稿了。他灵机一动，问这位朋友可不可以把其中一部稿交给《中南日报》连载。他的那位朋友大喜，笑道："这是最好不过的方式，反正印书也是希望多些人看到，连载之后再结集成书，会显得作品更受重视。"他这位朋友便把一部小说的译稿交给慕容羽军，并说明这部小说要在一个星期后办好行政上的手续后才可在报上刊出。

慕容羽军为《中南日报》能连载张爱玲的译文特别拟了一则预告，交给报社主事人，刊登在第一版的显眼处。可是当预告登出后，张爱玲立即打来电话。他一接起，张爱玲便哗啦哗啦地说："很对不起，想请你帮个忙，不要把我的名字登在报上，可不可以？"慕容羽军呆住了："你嫌我们的报纸不够有名气？这份报纸虽初出未几，销路还算不错呢！"张爱玲接着说："不是这个意思，我只是想，不要给别人感觉到我加入了报纸的行列。"

慕容羽军把这个消息告诉《中南日报》的负责人，并向他说："这篇稿很好，反正付稿费的不是我们，不如用取巧的方法，把预告改一改，仍依原定的时间发表，把译者的名字最后的'玲'字改为'珍'字，正式刊出时，译者名字用行书写得近似'玲'字，算是交代了。"负责人颇感无奈，只好依慕容羽军的建议，把译者写成"张爱珍"。但事情并没有就此完结。译稿正式登出后，张爱玲的电话又来了："又来麻烦你，我知道你把译者的名字改了，但写出来的'珍'字仍有八九分似'玲'字，可不可以把'张'字删去？希望你再帮我这一点忙！"最后，慕容羽军在万般无奈之下，终于替她删掉了"张"字，变成了"爱珍"译。

　　虽然慕容羽军没有说明这篇译文名称是什么，但根据《中南日报》出版和"爱珍译"这两条线索，暂时只找到这本《海底长征记》，从而也证实了"张爱珍"是张爱玲，"爱珍"亦是张爱玲。埋藏超过六十六年、张爱玲的两个笔名和其译作《海底长征记》这个谜团，终由笔者和郑明仁兄合作将其揭开。无论她的名字是张瑛、Eileen Chang、世民、霜庐、梁京、范思平、张爱珍、爱珍或其他，始终还是张爱玲这名字最著名、最传奇！

《中南日报》于二十世纪五十年代创办，办报目的是救济逃港的华南知识分子，所以定名为"中南"。慕容羽军曾任该报的副刊编辑。

慕容羽军于1996年3月出版《浓浓淡淡港湾情》，内文刊有《我所见到的胡兰成、张爱玲》一文。

人生是悲是喜
是方是圓是黑
是白是未滿
還是半空

張愛玲
己卯秋志清畫

李志清作品

跋

　　2007 年至 2017 年这整整十年，笔者埋首写了数本有关香港航空史的拙作，与读者分享启德机场的故事和香港航空业的发展，获得不少朋友的支持及鼓励。笔者曾自问，除略懂航空史外，是否还可以写其他东西？最后立下决心，以"舍航空，写人物"为目标来挑战自己。当时曾考虑撰写以叶灵凤或金庸为题的书，最后选定传奇中的传奇人物——张爱玲为笔者首本研究文学的写作对象。

　　以往坊间出版的关于张爱玲的书，多数以文字居多，图片所占的比例很少。有鉴于此，笔者尝试以图文并茂的方式和简单直接的写作手法，配以收藏品来分享张爱玲的故事，力求吸引读者来"喜阅"。经过两年时间，每天在乘车、工余和假期期间不断寻料、搜集、研究、引证、备稿、核对等，至 2020 年 2 月中旬，拙作《寻觅张爱玲》初稿终于完成，内容遍及张爱玲的出身、入学、成名、初婚、离异、剧作、译作及移美等。

　　执笔之时，世界各地正面临新型冠状病毒的肆虐，疫情关系到每个人的健康和安危，也牵动着世界团结、合作抗疫的决心。在此祝愿各位读者身体健康，福寿康宁！

张爱玲大事年表

1920 年

9 月 30 日（庚申年农历八月十九），张爱玲在上海一座仿西式大宅出生，大宅位处上海公共租界西区的麦根路 313 号（今静安区康定东路 87 弄）。张爱玲原名张煐，属猴，父亲是张志沂（又名张廷重），母亲是黄素琼（又名黄逸梵），祖父是清末名将张佩纶，外曾祖父是晚清重臣李鸿章。

1921 年

12 月，张爱玲的弟弟张子静（小名小魁）于上海市出生。

1922 年

张志沂任天津津浦铁路局秘书，后全家从上海搬到天津 32 号路 61 号大宅。

1924 年

四岁的张爱玲在私塾学习。同年，张爱玲的姑姑张茂渊赴英国留学，黄逸梵陪同前往，撇下一对子女在家。张志沂不务正业，沉迷吸食鸦片。

1928 年

张家搬回上海，住在宝隆花园（今延安中路 740 弄康乐村 10 号）。同年，黄逸梵和张茂渊回国。

1930 年

黄逸梵替女儿报读初中时把她的原名"张煐"改为"张爱玲"，"爱玲"是英文"Eileen"的音译。同年，张爱玲的父母离异，母亲和姑姑租住在法租界白尔登公寓（今陕西南路 213 号），张爱玲则跟随父亲生活，仍居住在宝隆花园。张爱玲开始阅读《红楼梦》。

1931 年
9 月，入读上海白利南路（今长宁路 1187 号）著名的美国教会女子中学——圣玛利亚女校（St. Mary's Hall）。

1932 年
为圣玛利亚女校初中一年级乙组的学生，在校的英文名字是 Tsang Ai-ling。在圣玛利亚女校年刊《凤藻》第 12 期上，发表处女作短篇小说《不幸的她》和首篇英文散文 *The School Rats Have a Party*（《校鼠派对》）。

1933 年
在《凤藻》上发表首篇散文《迟暮》。

1936 年
在上海圣玛利亚女校校刊《国光》创刊号上，发表散文《牛》。
在《凤藻》上发表散文《秋雨》。

1937 年
在《凤藻》发表首篇影评《论卡通画之前途》。
在《国光》第 9 期上，发表《霸王别姬》。
张志沂与民国政府前总理孙宝琦的女儿孙用蕃再婚。张爱玲和继母不和，因和她吵嘴，遭父亲痛打，更被父亲锁在大宅的房间幽禁半年。

1938 年
张爱玲将被幽禁及痛打的痛苦经历写成英文散文 *What a life! What a Girl's Life!*（《私语》），刊登在《大美晚报》上，这是她在报刊发表的首篇英文文章。后来张爱玲离家出走，到开纳路 195 号的开纳公寓（今武定西路）投靠生母黄逸梵。

1939 年

年初，张爱玲搬到上海静安寺路赫德路（今常德路）195 号爱丁顿公寓 51 室，又名爱林登公寓（今常德公寓）。后考获伦敦大学的奖学金，却因第二次世界大战爆发，转读香港大学文学院。

8 月 29 日，张茂渊介绍李开第工程师作张爱玲的监护人，张爱玲顺利在香港大学注册，入读文学院，选修中文及英文科。求学期间，结识斯里兰卡裔女子炎樱（Fatima Mohideen），两人成为挚友。

投稿到上海《西风》杂志举办的三周年征文比赛，以一篇《天才梦》获得名誉奖第三名，是她首次获奖的作品。

1940 年

《西风》月刊 8 月号第 48 期中，荣获名誉奖第三名的《天才梦》原文被首次刊出。

1941 年

6 月，首次发表翻译作品《谑而虐》，刊登在西风月刊社出版的《西书精华》第 6 期（民国三十年夏季号）上。

12 月 8 日，日军侵港，经过十八天的抵抗，在圣诞节当天，香港无条件投降，成为日本占领地。香港大学重要建筑物包括大礼堂（今陆佑堂）在战事下被严重损毁，张爱玲曾当临时防空员及护士。

1942 年

香港沦陷，张爱玲学业中断，回到上海后转到圣约翰大学求学，两个月后因经济窘困辍学，转而以卖文为生。当时她租住在赫德路爱丁顿公寓（今常德公寓），从 51 室迁至 65 室，与张茂渊为邻。

1943 年

获《紫罗兰》主编、鸳鸯蝴蝶派著名作家周瘦鹃赏识，在《紫罗兰》先后发表《沉香屑——第一炉香》和《沉香屑——第二炉香》两篇中短篇小说。往后，上海具影响力的杂志包括《万象》《杂志》《天地》《小天地》

《大家》《新中国报》《苦竹》《古今》《新东方》等陆续刊登了她的作品。

9月及10月，中篇小说《倾城之恋》首次刊登在上海《杂志》文学月刊。

11月10日，苏青主编的《天地》第2期刊有张爱玲的短篇小说《封锁》。汪精卫政权宣传部次长兼作家胡兰成看过此文后与张爱玲相识、相知并相恋。

1944 年

5月10日，上海《杂志》刊有张爱玲、苏青及汪丽玲三位作家的卡照，另刊登了张爱玲的著名小说《红玫瑰与白玫瑰》及胡兰成的《评张爱玲》。

8月15日，杂志社出版张爱玲的小说集《传奇》初版本，收录了中短篇小说共十篇，包括《金锁记》《倾城之恋》《茉莉香片》《沉香屑——第一炉香》《沉香屑——第二炉香》《琉璃瓦》《心经》《年青的时候》《花凋》及《封锁》。《传奇》初版本创下了四天销售一空的纪录。

胡兰成与张爱玲举行简单婚礼，只有炎樱及胡兰成的侄女胡青芸在场。张爱玲在婚书上写下"胡兰成与张爱玲签订终身，结为夫妇"，胡兰成在句子后加上"愿使岁月静好，现世安稳"。

9月25日，杂志社发行《传奇》再版本，张爱玲在序言《再版的话》中的一句"出名要趁早呀"成为脍炙人口的名言。

10月，张子静与友人出版刊物《飙》，张子静发表散文《吾的姊姊张爱玲》，张爱玲画插图《无国籍的女人》。

11月1日，《天地》杂志第14期出版，封面改由张爱玲设计及绘画，以绿、紫、白三色画有面向天的菩萨，该期还刊有张爱玲的散文《谈跳舞》。

11月，胡兰成离开新婚的张爱玲，独自去武汉办报。

12月，上海五洲书报社负责总经销张爱玲的首本散文集《流言》，封面由炎樱设计，书名、绘图及作者名称均出自张爱玲手笔。

12月16日，编剧张爱玲及导演朱端钧合作四幕八场话剧《倾城之恋》，在上海新光大戏院上演，连演八十场。

1945 年

8月15日，日本宣布无条件投降。胡兰成化名张嘉仪，逃到浙江温州。流亡期间他结识女子范秀美，两人同居。

1946 年

2 月，张爱玲从上海至温州找胡兰成，失望而回。

6 月 15 日，张爱玲以笔名"世民"在上海《今报·女人圈》副刊发表《不变的腿》，连载三天，至 6 月 17 日完结。

12 月底，用半个月时间撰写电影剧本《不了情》。电影由文华影片公司发行，桑弧执导。

1947 年

4 月 9 日，《不了情》于上海沪光大戏院试映，大获好评，被誉为"胜利以后国产影片最适合观众理想之巨片"。文华影片公司印刷一批精美的"试映票"给传媒及嘉宾名流，可凭票免费入场观看。

6 月 10 日，张爱玲把《不了情》《太太万岁》的编剧稿酬共 30 万元寄给胡兰成，与胡正式分手。

12 月 3 日，张爱玲在《大公报·戏剧与电影》发表散文《〈太太万岁〉题记》，引起外界抨击。

12 月 14 日，桑弧执导、张爱玲编剧的《太太万岁》，在上海四大影院（皇后、金城、金都、国际）同日献映。

1948 年

10 月 30 日，环球出版社发行《幸福》杂志第 22 期，主编为汪波（即沈寂），刊有毛姆短篇小说《牌九司务》中文译文，译者署名为"霜庐"，即张爱玲。

12 月 1 日，以"霜庐"笔名在《春秋》期刊发表毛姆的小说《红》中文译文。

1949 年

4 月 21 日，电影《哀乐中年》于上海首映，电影广告上写明编导为桑弧，演员有石挥、朱嘉琛、沈扬、李浣青及韩非等。

10 月 1 日，中华人民共和国成立，张爱玲留在上海。

1950 年

3 月 25 日，以笔名"梁京"在《亦报》连载首部长篇小说《十八春》，
1951 年 2 月 11 日连载完毕。

1951 年

11 月 4 日，以笔名"梁京"在《亦报》发表中篇小说《小艾》，1952 年 1 月
24 日连载完毕。

1952 年

7 月，张爱玲以"继续因战事而中断的学业"为由离开内地，重回香港，暂
住女青年会。

8 月 21 日，港大文学院院长贝查撰写推荐信，说明张爱玲原是港大学生，
成绩优异，曾获何福奖学金，但因日本侵占香港而被迫中断学业，支持她
向港大申请助学金，重新就读。

12 月，香港中一出版社出版《老人与海》中译本初版，作者海明威，译者
范思平，即张爱玲。

1953 年

张爱玲的父亲张志沂在上海去世，终年五十七岁。

张爱玲于美国新闻处的驻港办事机构任职，结识毕生挚友邝义美及宋淇。
在宋淇的协助下，成为国际电影懋业有限公司的主要编剧之一。宋淇家住
北角继园街，张爱玲委托他在离北角继园街不远的英皇道租了一个小单位，
以方便联络宋家，也有个私人地方写稿。张爱玲受美国新闻处工作安排，
开始撰写《赤地之恋》。

1954 年

1 月，《今日世界》第 44 期开始连载张爱玲的中篇小说《秧歌》，至第 56
期完结。

1 月，香港天风出版社出版《爱默森选集》，选译者张爱玲。

5 月，香港中一出版社出版《老人与海》中译本第二版，译者范思平，即张

爱玲。

7月，今日世界社出版《秧歌》单行本。

8月，《中南日报》出版《海底长征记》中译本初版，作者比齐（E.L. Beach），译者爱珍，即张爱玲。

秋后，邝文美陪伴张爱玲到北角英皇道338号兰心照相馆（Lee's Studio）拍照。翌年3月4日，《纽约时报》刊登了《秧歌》书评，选用张爱玲一张身穿小凤仙领唐装，双手叉腰，头往上抬，显得面儿较圆的经典照片。张爱玲喜欢此圆脸照片。

10月，《中南日报》刊登张爱玲署名翻译的《冰洋四杰》，作者为美国小说家佛兰西斯·桑顿。

1955年

5月，中一出版社出版《老人与海》中译本第三版，作者海明威，译者改为"张爱玲"。书内张爱玲写有序言，日期注明为1954年11月。

秋，张爱玲乘搭"克利夫兰总统号"邮轮离港赴美，到码头送行的只有邝文美及宋淇。船到日本，张爱玲寄出一封六页长信给他们，写道："别后我一路哭回房中，和上次离开香港的快乐刚好相反，现在写到这里也还是眼泪汪汪起来。"

1956年

张爱玲居住在新罕布什尔州彼得堡的麦克道威尔文艺营（MacDowell Colony），生活窘迫。在文艺营中结识了六十五岁的左翼剧作家赖雅（Ferdinand Reyher）。

1957年

相识赖雅半年后，张爱玲因怀孕而结婚，最后选择堕胎。

5月29日，电影《情场如战场》首次在香港上映，是张爱玲为国际电影懋业有限公司撰写的首个电影剧本。1957年至1964年期间，张爱玲为电懋共编写十部剧本，其中八部被拍成电影，包括《情场如战场》（1957年）、《人财两得》（1958年）、《桃花运》（1959年）、《六月新娘》（1960年）、

《南北一家亲》（1962 年）、《小儿女》（1963 年）、《一曲难忘》（1964年）、《南北喜相逢》（1964 年）、《红楼梦》（分上下集，未拍成）、《魂归离恨天》（未拍成）。

1958 年

获加州韩廷敦哈特福基金会资助半年，在加州专门从事写作，发表小说《五四遗事》。

1959 年

4 月 9 日，电影《桃花运》正式上映，该戏由岳枫导演，张爱玲编剧，主演有陈厚、刘恩甲、叶枫及王莱等。

1960 年

1 月 23 日，《星岛晚报》刊登了由葛兰主演的《六月新娘》电影广告，写有"名女编剧家张爱玲精心杰作"及宣传语"鲁男子失爱得爱，俏新娘拒婚完婚"。

7 月，张爱玲成为美国公民。

1961 年

文学评论家夏志清在美国耶鲁大学出版社出版《中国现代小说史》，其中以大篇幅介绍张爱玲的著作，称张爱玲的《金锁记》是"中国从古以来最伟大的中篇小说"，更认为张爱玲是"今日中国最优秀最重要的作家"。

张爱玲先访台北，后到花莲观光，最后到香港，与表侄女张小燕会面。其间，赖雅多次中风，最终瘫痪卧床，张爱玲回到美国照顾丈夫。

1962 年

7 月，今日世界社出版《鹿苑长春》中文译本，作者是 M. 劳林斯，译者张爱玲。

1963 年

写有 *A return to the Frontier*，后翻译成中文《重访边城》。

1966 年

张爱玲把中篇旧作《金锁记》改写为长篇小说《怨女》。

1967 年

5 月，今日世界社出版《美国现代七大小说家》，本书由张爱玲、林以亮、于梨华和叶珊共同翻译。张爱玲除译原编者序外，还翻译了辛克莱·路易斯、海明威和托马斯·沃尔夫三位小说家的作品。

10 月 8 日，赖雅去世，张爱玲获邀成为美国雷德克里芙学校驻校作家，开始将清朝长篇小说《海上花列传》翻译成英文。

1968 年

《十八春》的内容经修改后重新定名为《半生缘》，分别在台湾《皇冠》杂志及香港《星岛晚报》连载。

1969 年

张爱玲移居加州旧金山湾区，应陈世骧教授之邀，受聘于伯克利加州大学的中国研究中心，担任高级研究员，展开对《红楼梦》等课题的研究。

1971 年

陈世骧教授逝世，张爱玲从伯克利加州大学离职。

1972 年

1 月，今日世界社出版《老人与海》中译本，译者张爱玲，译序者为李欧梵，封面设计及插图绘者为蔡浩泉。

1973 年

张爱玲定居加州洛杉矶，晚年深居简出。

1976 年

3 月，香港文化·生活出版社出版张爱玲的散文集《张看》。出版社策划人是诗人戴天，责任编辑是黄俊东。

1977 年

8 月，皇冠出版社出版张爱玲的《红楼梦魇》。张爱玲说平生有三大恨："一恨海棠无香，二恨鲥鱼多骨，三恨《红楼梦》未完。"她像是曹雪芹的知己，追踪他二十年间在悼红轩的批阅与增删，从中更深入了解了《红楼梦》的写作痕迹及精髓。

12 月，小说《色，戒》于《皇冠》杂志发表，刊出前，宋淇于同年 11 月 22 日去信张爱玲，告之喜讯："《皇冠》本期有《色，戒》的全页预告，好像认为是镇家之宝似的。"分享喜悦之时，两人料不到不久有署名为"域外人"的人，在《中国时报》撰《不吃辣的怎么胡得出辣子？——评〈色，戒〉》一文，抨击张爱玲的《色，戒》实为歌颂汉奸。

1978 年

11 月 27 日，张爱玲撰写《羊毛出在羊身上——谈〈色，戒〉》，罗列理据反击"域外人"，该文刊于台北《中国时报·人间》。

1981 年

1967 年张爱玲开始英译《海上花列传》，达十四年之久，译稿差不多完成。因夏志清的帮忙及介绍，将英译本交由哥伦比亚大学出版社出版。但最后，张爱玲决意放弃出版英译版《海上花列传》。

1982 年

4 月至翌年 11 月，张爱玲将《海上花列传》吴语小说翻译为国语本，名为《海上花》。

1983 年

11 月，皇冠杂志社出版单行本《海上花》，后来收入《张爱玲全集》。《海上花》分上下两册出版，上册题为《海上花开——国语海上花列传 I》，下册则题为《海上花落——国语海上花列传 II》。

《惘然记》出版，张爱玲在序中说明《色，戒》自 1953 年开始动笔。

1984 年

张爱玲在洛杉矶准备搬家整理行李时，看到自己曾在香港兰心照相馆拍摄的一张经典双手叉腰照，照片上的署名与日期恰巧是整整三十年前，不禁自题"怅望卅秋一洒泪，萧条异代不同时"。

1992 年

2 月 14 日，张爱玲在美国立了遗嘱，在公证人与其他三位证人面前宣誓，一切依照当地法律。遗嘱中有三项要点：

一、去世后，将所拥有的一切都留给宋淇及邝文美（宋淇夫妇）。

二、遗体立时焚化，不要举行殡仪馆仪式，骨灰撒在荒芜的地方 —— 如在陆上就在广阔范围内分撒。

三、委任林式同先生为这份遗嘱的执行人。

1994 年

7 月，皇冠出版社出版张爱玲生前最后一本著作《对照记 —— 看老照相簿》，为首度披露的自传式图文集，书中罗列的从童年、青年到中年的照片都经她亲自筛选，每张照片配有张爱玲的说明文字，展现她不同时期的回忆及情感。

12 月，台湾《中国时报》授予张爱玲第十七届文学奖特别成就奖。张爱玲为此写了《忆〈西风〉—— 第十七届〈时报〉文学奖特别成就奖得奖感言》。

1995 年

9 月 8 日，张爱玲的房东发现她于洛杉矶家中逝世，终年七十四岁，死因是心血管疾病。遗嘱执行人林式同（张爱玲朋友庄信正的大学同学）在《有缘得识张爱玲》里写道："张爱玲是躺在房里唯一一张靠墙的行军床上去世的。她身下垫着一床蓝灰色的毯子，没有盖任何东西，头朝着房门，脸向外，眼和嘴都闭着，头发很短，手和脚都很自然地平放着。她的遗容很安详，只是出奇地瘦，保暖的日光灯在房东发现时还亮着。"

9 月 19 日，林式同遵照张爱玲的遗愿，将她的遗体在洛杉矶玫瑰岗墓园火化，没有举行公开葬礼。

9月30日，当天正是张爱玲的七十五岁诞辰，张爱玲的骨灰被撒在太平洋上，她传奇的一生亦随之结束。

参考资料

一、张爱玲著译作

1.《不幸的她》，上海圣玛利亚女校年刊《凤藻》第 12 期，文瑞印书馆，1932 年 6 月。

2.《迟暮》，上海圣玛利亚女校年刊《凤藻》第 13 期，文瑞印书馆，1933 年 6 月。

3.《牛》，上海圣玛利亚女校校刊《国光》创刊号，1936 年。

4.《论卡通画之前途》，上海圣玛利亚女校年刊《凤藻》第 17 期，文瑞印书馆，1937 年 6 月。

5.《霸王别姬》，上海圣玛利亚女校校刊《国光》，1937 年。

6.《天才梦》，《西风》杂志第 48 期，上海西风社，1940 年 8 月。

7.《谑而虐》，《西书精华》第 6 期，上海西风社，1941 年 6 月。

8.《倾城之恋》，《杂志》9 月号及 10 月号，上海杂志社，1943 年。

9.《必也正名乎》，《杂志》第 12 卷第 4 期，上海杂志社，1944 年 1 月。

10.《传奇》初版本，上海杂志社，1944 年 8 月。

11.《传奇》再版本，上海杂志社，1944 年 9 月。

12.《流言》，上海五洲书报社，1944 年 12 月。

13.《传奇》增订本，上海山河图书公司，1946 年 11 月。

14.《十八春》，署名梁京，亦报社，1951 年 11 月。

15.《老人与海》初版，作者海明威，翻译范思平，香港中一出版社，1952 年 12 月。

16.《老人与海》，黄底灰字封面版本，作者海明威，翻译范思平，香港中一出版社，出版日期不详。

17.《爱默森选集》，作者爱默森，翻译张爱玲，香港天风出版社，1954 年。

18.《老人与海》再版，作者海明威，翻译范思平，香港中一出版社，1954 年。

19.《张爱玲短篇小说集》，香港天风出版社，1954 年。

20.《秧歌》初版，香港今日世界社，1954 年 7 月。

21.《海底长征记》初版，作者比齐，翻译爱珍，《中南日报》，1954 年。

22.《赤地之恋》，香港天风出版社，1954 年。

23.《老人与海》第二版，作者海明威，翻译张爱玲，香港中一出版社，1955 年。

24.《鹿苑长春》，作者 M 劳林斯，翻译张爱玲，今日世界社，1962 年。

25.《欧文小说选》，翻译张爱玲、方馨、汤新楣等，今日世界社，1963 年。

26.《美国现代七大小说家》，翻译张爱玲、林以亮、于梨华和叶珊，今日世界社，1967 年。

27.《张爱玲短篇小说集》，皇冠出版社，1968 年。

28.《怨女》初版，皇冠杂志社，1968 年。

29.《半生缘》，皇冠杂志社，1969 年。

30.《老人与海》初版，作者海明威，翻译张爱玲，今日世界社，1972 年。

31.张爱玲短篇小说集之一《倾城之恋》，皇冠出版社，1980 年。

32.《睡谷故事 李伯大梦》，作者华盛顿·欧文，翻译张爱玲、方馨，今日世界社，1980 年。

33.《倾城之恋》，兰屿出版社，1984 年。

34.《倾城之恋》，女神出版社，1985 年。

35.《老人与海》初版本，作者海明威，翻译范思平，台湾英文杂志社，1988 年。

36.张爱玲短篇小说集之一《第一炉香》，皇冠出版社，1999 年。

37.《流言》，陈子善图文编纂版，浙江文艺出版社，2002 年。

38.《同学少年都不贱》，皇冠出版社，2004 年。

39.《重访边城》，《皇冠》杂志 4 月号，皇冠杂志社，2008 年。

40.张爱玲典藏 08《小团圆》，皇冠出版社，2009 年。

41. 张爱玲典藏 09《雷峰塔》，皇冠出版社，2009 年。

42. 张爱玲典藏 01《倾城之恋》短篇小说集一，皇冠出版社，2010 年。

43. 张爱玲典藏 13《对照记》散文集三，皇冠出版社，2010 年。

44.《少帅》，皇冠出版社，2014 年。

45.《爱憎表》，《印刻文学生活志》第 12 卷第 11 期，印刻文学生活杂志社，2016 年 7 月。

二、报章杂志

1. 大东书局：《半月》第 4 卷第 24 号，临别纪念号，1925 年 12 月。

2. 大东书局：《紫罗兰》第 4 卷第 15 号，主编周瘦鹃，1930 年 2 月。

3. 上海西风社：《西风月刊三周年纪念现金百元悬赏征文启事》，《西风》杂志第 41 期，1940 年 1 月号。

4. 上海西风社：《三周年纪念征文揭晓》，《西风》杂志第 44 期，1940 年 4 月。

5. 大东书局：张爱玲《沉香屑 —— 第一炉香》，《紫罗兰》第 2 期，1943 年 4 月。

6. 大东书局：张爱玲《沉香屑 —— 第二炉香》，《紫罗兰》第 2 期，1943 年 8 月。

7. 万象：张爱玲《心经》，《万象月刊》第 3 年第 3 期 9 月号，1943 年 9 月。

8. 天地出版社：《天地》杂志创刊号，主编苏青，1943 年 10 月。

9. 天地出版社：张爱玲《封锁》，胡兰成《"言语不通"之故》，《天地》第 2 期，1943 年 11 月。

10. 天地出版社：张爱玲《公寓生活记趣》，《天地》第 3 期，1943 年 12 月。

11. 天地出版社：张爱玲《烬余录》，《天地》第 5 期，1944 年 2 月。

12. 上海杂志社：张爱玲散文《爱》，《杂志》4 月号，1944 年 4 月。

13. 天地出版社：张爱玲《童言无忌》，《天地》春季特大号《生育问题特辑》，1944 年 5 月。

14. 上海杂志社：张爱玲《红玫瑰与白玫瑰》，《杂志》5 月号，1944 年

5 月。

15. 万象书屋：迅雨《论张爱玲的小说》，《万象》月刊，1944 年 5 月。

16. 天地出版社：张爱玲《炎樱语录》，《小天地》创刊号，1944 年 8 月。

17. 光化出版社：告白《张爱玲手札》，《光化》创刊特大号，1944 年 10 月。

18. 天地出版社：张爱玲封面设计，《天地》第 14 期，1944 年 11 月。

19. 天地出版社：张爱玲《私语》，《天地》第 10 期，1944 年。

20. 上海杂志社：胡兰成《评张爱玲》，《杂志》5 月号，1945 年 5 月。

21. 上海杂志社：张爱玲散文《姑姑语录》，《杂志》5 月号，1945 年 5 月。

22. 新闻报出版社：《不了情》广告，《新闻报》，1947 年 4 月。

23. 山河图书公司：《不了情》广告，《大家》创刊号，1947 年 4 月。

24. 浙瓯日报出版社：《不了情》广告，《浙瓯日报》，1947 年 7 月。

25. 文华影片公司：张爱玲《〈太太万岁〉题记》，《大公报·戏剧与电影》第 59 期，1947 年 12 月。

26. 飞报出版社：《张爱玲香闺之秘密》，《飞报》，1947 年 12 月。

27. 文华影片公司：《太太万岁》电影本事，1947 年 12 月。

28. 文华影片公司：东方蝃蝀《张爱玲的风气》，《太太万岁》电影本事，1947 年 12 月。

29. 益世报出版社：《太太万岁》广告，《益世报》，1948 年 2 月。

30. 天津综合艺术杂志社：沙易《电影编剧应如何取材？评〈太太万岁〉·〈终身大事〉》，《综艺》第 1 卷第 5 期，1948 年 2 月。

31. 中国电影出版社：《哀乐中年》短文，《电影周报》，1948 年 7 月。

32. 环球出版社：《牌九司务》，作者毛姆，翻译霜庐，《幸福》第 22 期，1948 年 10 月。

33. 春秋杂志社：《春秋》11 月号及 12 月号合刊，1948 年 12 月。

34. 春秋杂志社：《红》，作者毛姆，翻译霜庐，《春秋》11 月号及 12 月号合刊，1948 年 12 月。

35. 上海潮锋出版社：《哀乐中年》剧本，1949 年 2 月。

36. 上海西风社：张爱玲《天才梦》，三周年纪念得奖征文选集（第十版），1949 年 2 月。

37. 新闻报出版社：《太太万岁》广告，《新闻报》，1949 年 3 月。

38. 解放日报：《哀乐中年》广告，《解放日报》，1949 年 7 月。

39. 解放日报：《哀乐中年》电影广告，1949 年 7 月。

40. 文华影片公司：《哀乐中年》全部对白本事，1949 年 7 月。

41. 亦报社：明朗《也谈〈十八春〉》，《亦报》副刊，1950 年 9 月。

42. 亦报社：梁京《十八春》第十三章（十），《亦报》，1950 年 10 月。

43. 亦报社：梁京《小艾》，《亦报》副刊，1951 年 11 月。

44. 亦报社：《十八春》预订广告，《亦报》，1951 年 12 月。

45. 国际电影懋业有限公司：《情场如战场》电影本事及拍摄特辑，1957 年 5 月。

46. 明报：简而清介绍霍奇纳（A.E. Hotchner）的新书《爸爸海明威》（*Papa Hemingway*），《明报月刊》第 7 期，1966 年 7 月。

47. 皇冠出版社：《张爱玲美男子原型》，《皇冠》杂志 249 期，1974 年 11 月。

48. 明报出版社：张爱玲《回顾〈倾城之恋〉》，《明报》，1984 年 8 月。

49. 台湾联合报：《哀乐中年》首篇剧本，1990 年 9 月。

50. 台湾联合报：《哀乐中年》第十六篇剧本，1990 年 10 月。

51. 明报出版社：《张爱玲不灭的传奇》特辑，《明报月刊》，1995 年 10 月。

52. 联合文学杂志社：《最后的传奇张爱玲》特辑，《联合文学》第 132 期，1995 年 10 月。

53. 近代中国杂志社：《永远的张爱玲》特辑，《香港笔荟》第 5 期，1995 年 11 月。

54. 近代中国杂志社：《张爱玲在港大》特辑，《香港笔荟》第 8 期，1996 年 6 月。

55. 东方电影：《半生缘》宣传海报，1997 年 9 月。

56. 印刻文学生活杂志社："特选张爱玲作品《南北喜相逢》"，《印刻文学生活志》第 2 卷第 1 期，2005 年 9 月。

57. 皇冠出版社：《永远的张爱玲》逝世十周年特辑，《皇冠》杂志，2015 年。

三、其他作者的文章及著作

1. 水晶：《张爱玲的小说艺术》，大地出版社，1990 年。

2. 水晶：《替张爱玲补妆》，山东画报出版社，2004 年。

3. 王德威：《女作家的现代"鬼"话 —— 从张爱玲到苏伟贞》，《众声喧哗：三〇与八〇年代的中国小说》，远流出版事业公司，1988 年。

4. 王德威：《从"海派"到"张派"—— 张爱玲小说的渊源与传承》，麦田出版社，1998 年。

5. 王德威：《落地的麦子不死》，山东画报出版社，2004 年。

6. 王德威：《雷峰塔下的张爱玲：〈雷峰塔〉、〈易经〉，与"回旋"和"衍生"的美学》，《印刻文学生活志》第 86 期，2010 年 10 月。

7. 止庵、万燕：《张爱玲画话》，天津社会科学院出版社，2003 年。

8. 止庵：《张爱玲全集》，北京十月文艺出版社，2009—2012 年。

9. 止庵：《女作家盛九莉本事》，载于沈双编的《零度看张 —— 重构张爱玲》，香港中文大学出版社，2010 年。

10. 毛尖：《所有能发生的关系》《这些年》，印刻出版有限公司，2012 年。

11. 司马新：《张爱玲与赖雅》，大地出版社，1996 年。

12. 宋以朗：《〈小团圆〉前言》，张爱玲：《小团圆》，皇冠出版社，2009 年版。

13. 宋以朗：《宋家客厅：从钱锺书到张爱玲》，陈晓勤整理，花城出版社，2015 年。

14. 宋以朗、符立中：《张爱玲的文学世界》，北大百年讲堂学术会议论文集，2013 年。

15. 李欧梵：《张爱玲笔下的日常生活和"现时感"》《苍凉与世故：张爱玲的启示》，牛津大学出版社，2006 年。

16. 李欧梵：《张爱玲与好莱坞电影》《张爱玲：文学·电影·舞台》，牛津大学出版社，2007 年。

17. 李岩炜：《张爱玲的上海舞台》，文汇出版社，2003 年。

18. 李黎：《浮花飞絮张爱玲》，印刻出版有限公司，2006 年。

19. 沈云英：《往事历历 —— 青芸口述回忆录》，槐风书社，2018 年。

20. 何杏枫：《重探张爱玲：改编·翻译·研究》，中华书局，2018 年。

21. 林幸谦：《荒野中的女体：张爱玲女性主义批评》，广西师范大学出版社，2003 年。

22. 林幸谦、卓有瑞、陈启仙：《印象张爱玲》，联经出版事业公司，2012 年。

23. 周芬伶：《艳异：张爱玲与中国文学》，远流出版事业公司，1999 年。

24. 周芬伶：《张爱玲梦魇——她的六封家书》，《孔雀蓝调》，麦田出版社，2005 年。

25. 胡兰成：《山河岁月》，远景出版事业公司，1975 年。

26. 胡兰成：《今生今世》，远景与香港"新闻天地"杂志社，1976 年。

27. 胡兰成：《今生今世》，长安出版社，2013 年。

28. 桑弧：《交待我在 1952 年前所编剧和导演的影片》手稿，1969 年。

29. 夏志清著，刘绍铭等译：《第十五章张爱玲》，《中国现代小说史》，香港友联出版社，1990 年。

30. 夏志清：《张爱玲给我的信件》，联合文学出版社，2013 年。

31. 高全之：《张爱玲学续篇》，麦田出版社，2014 年。

32. 高丽、张瑞英：《"霜庐"张爱玲及几篇佚文的考证》，2018 年。袁琼琼：《多少恨：张爱玲未完》，《联合报·读书人》，2009 年 3 月。

33. 张爱玲、宋淇、宋邝文美：《张爱玲私语录》，台北皇冠出版，2010 年。

34. 张子静：《我的姊姊张爱玲》，《飙》创刊号，飙出版社，1944 年。

35. 张子静、季季：《我的姊姊张爱玲》，印刻出版有限公司，2005 年。

36. 张学良口述、唐德刚撰写：《张学良口述历史》，远流出版事业公司，2009 年。

37. 张小虹：《"合法盗版"张爱玲从此永不团圆》，《联合报·要闻版》A4 版，2009 年 2 月。

38. 陈子善：《私语张爱玲》，浙江文艺出版社，1995 年。

39. 陈子善：《作别张爱玲》，文汇出版社，1996 年。

40. 陈子善：《说不尽的张爱玲》，远景出版事业公司，2001 年。

41. 陈子善：《张爱玲的风气：1949 年前张爱玲评说》，山东画报出版社，2004 年。

42. 陈子善：《说不尽的张爱玲》，上海三联书店，2004 年。

43. 陈子善：《记忆张爱玲》，山东画报出版社，2006 年。

44. 陈子善：《〈炎樱衣谱〉略考》，《现代中文学刊》总第 2 期，现代中文学刊杂志社，2009 年 2 月。

45. 陈子善：《看张及其他》，中华书局，2009 年。

46. 陈子善：《研读张爱玲长短录》，九歌出版社，2010 年。

47. 陈子善：《沉香谭屑 —— 张爱玲生平与创作考释》，上海书店出版社，2012 年。

48. 陈子善：《张爱玲丛考》（上、下），海豚出版社，2015 年。

49. 陈子善：《从鲁迅到张爱玲》，北京大学出版社，2017 年。

50. 陈炳良：《张爱玲短篇小说论集》，远景出版事业公司，1983 年。

51. 庄信正：《张爱玲庄信正通信集》，新星出版社，2019 年。

52. 淳子：《张爱玲地图》，格致出版社，2003 年。

53. 符立中：《上海神话 —— 张爱玲与白先勇图鉴》，印刻出版有限公司，2009 年。

54. 黄德伟：《阅读张爱玲》，香港大学比较文学系，1998 年。

55. 冯睎乾：《在加多利山寻找张爱玲》，三联书店，2018 年。

56. 杨泽编：《阅读张爱玲 —— 张爱玲国际研讨会论文集》，麦田出版社，1999 年。

57. 刘以鬯：《旧文新编》，人地图书，2007 年。

58. 刘绍铭、梁秉钧、许子东：《再读张爱玲》，牛津大学出版社，2002 年。

59. 刘绍铭：《张爱玲的文字世界》，九歌出版社，2007 年。

60. 郑树森：《张爱玲的世界》，允晨文化，1989 年。

61. 黎华标：《意有未尽：胡兰成书信集》，朱天文主编，新经典文化，2011 年。

62. 蒋翔华：《张爱玲小说中的现代手法 —— 试析空间》，《联合文学》115 期，1994 年 5 月。

63. 蔡登山：《张爱玲传奇未完》，云南人民出版社，2004 年。

64. 蔡登山：《张爱玲色戒》，作家出版社，2007 年。

65. 蔡登山：《重看民国人物：从张爱玲到杜月笙》，中华书局，2015 年。

66. 蔡登山：《临水照花人：〈色，戒〉中的郑苹如与张爱玲》，福建教育出版社，2015年。

67. 蓝天云：《鸿鸾禧：张爱玲笔下的婚姻喜剧》，《张爱玲电懋剧本2：举案齐眉》，香港电影资料馆，2009年。

68. 魏可风：《张爱玲的广告世界》，联合文学出版社，2002年。

69. 苏伟贞：《鱼往雁返：张爱玲的书信因缘》，允晨文化，2007年。

70. 苏伟贞：《生成—书信：张爱玲的创作—演出》，《东吴中文学报》第18期，2009年11月。

71. 苏伟贞：《私语雷峰塔——张爱玲的家庭剧场及家庭运动》，《淡江中文学报》第27期，2012年12月。

72. 苏伟贞：《长镜头下的张爱玲——影像、书信、出版》，上海文艺出版社，2012年。

四、外语著作

1. Tsang Ai-Ling: *The School Rats Have a Party*, St. Mary's Hall Graduation Journal —— *The Phoenix*, June 1932.

2. Tsang Ai-Ling: *The Sun Parlor*, St. Mary's Hall Graduation Journal —— *The Phoenix*, June 1936.

3. Tsang Ai-Ling: *My Great Expectations*, *Sketches of Some Shepherds*, St. Mary's Hall Graduation Journal —— *The Phoenix*, June 1937.

4. Margaret Halsey: *With Malice Toward Some*, Simon & Schuster, 1938.

5. Eileen Chang: *Chinese Life and Fashions*, *The Twentieth Century* 4.1, January 1943.

6. Eileen Chang: *Still Alive*, *The Twentieth Century* 4.6, June 1943.

7. Eileen Chang: *Demons and Fairies*, *The Twentieth Century* 5.6, December 1943.

8. Eileen Chang: *The Rice-Sprout Song*, Charles Scribner's Sons,

1954.

9. Eileen Chang: *Naked Earth*, Hong Kong Union Press, 1956.

10. Eileen Chang: *The Rouge of The North*, Cassell & Company Ltd., 1967.

11. Eileen Chang: *Written on Water*, translated by Andrew F. Jones, Columbia University Press, 2005.

12. Ernest Hemingway: *The Old Man and the Sea*, Charles Scribner's Sons, 1952.

13. Ferdinand Reyher : *David Farragut, Sailor*, Lippincott, 1953.

五、电影及话剧剧本

1.《倾城之恋》(话剧)，导演朱端钧，编剧张爱玲，1944 年。

2.《不了情》，导演桑弧，编剧张爱玲，文华影片公司，1947 年。

3.《太太万岁》，导演桑弧，编剧张爱玲，文华影片公司，1947 年。

4.《哀乐中年》，导演桑弧，编剧张爱玲 / 桑弧，文华影片公司，1949 年。

5.《情场如战场》，导演叶枫，编剧张爱玲，国际电影懋业有限公司，1957 年。

6.《人财两得》，导演叶枫，编剧张爱玲，国际电影懋业有限公司，1958 年。

7.《桃花运》，导演叶枫，编剧张爱玲，国际电影懋业有限公司，1959 年。

8.《六月新娘》，导演唐煌，编剧张爱玲，国际电影懋业有限公司，1960 年。

9.《南北一家亲》，导演王天林，编剧张爱玲，国际电影懋业有限公司，1962 年。

10.《小儿女》，导演王天林，编剧张爱玲，国际电影懋业有限公司，1963 年。

11.《一曲难忘》，导演钟启文，编剧张爱玲，国际电影懋业有限公司，1964 年。

12.《南北喜相逢》，导演王天林，编剧张爱玲，国际电影懋业有限公司，1964 年。

13.《倾城之恋》(电影)，导演许鞍华，改编自张爱玲的同名小说，邵氏兄弟(香港)有限公司，1984 年。

14.《怨女》，导演但汉章，改编自张爱玲的《北地胭脂》，中央电影，1988年。

15.《红玫瑰与白玫瑰》，导演关锦鹏，改编自张爱玲的同名小说，金韵电影，1994年。

16.《半生缘》，导演许鞍华，改编自张爱玲的《十八春》，东方电影制作，1997年。

17.《色，戒》，导演李安，改编自张爱玲的同名小说，焦点电影公司，2007年。

鸣 谢

（排名不分先后）

蒙以下人士及机构协助，本书得以出版，谨此致谢。

李志清先生	香港大学工程旧生会
陈子善教授	华东师范大学
宋以朗博士	上海市档案馆
关景辉先生	香港机场管理局
汤远敬先生	皇冠文化出版
康妮·虞女士	皇冠出版社
黄颖琳小姐	中文大学出版社出版
苏赓哲博士	新亚图书中心
郑明仁先生	老总书房
郑天仪女士	大业艺术书店
林冠中先生	初文出版社
廖隽然先生	九龙旧书店
黎汉杰先生	今朝风日好
香港大学	香港收藏家协会

特别鸣谢

　　著名漫画家李志清特为此书呈献多幅画风各异的手绘作品，展示了形象多变的张爱玲。

　　李志清，漫画家，艺术画家，2007年获日本首届国际漫画奖最高荣誉之"最优秀作品奖"，2014年获第十四届中国动漫金龙奖之"中国动漫杰出贡献奖"。1981年起便从事漫画工作，代表作有《三国志》《孙子兵法》《无名英雄》《妖神传说》《烈神》《项羽刘邦》《水浒传》《孔子论语》等。1997年与查良镛创立明河（创文）出版有限公司，推出漫画版《射雕英雄传》及《笑傲江湖》。2017年为香港文化博物馆策划及绘画金庸展览插画；2018年为香港邮政设计及绘画金庸邮票。近十年主要从事艺术创作，大量作品被博物馆及私人收藏。